L. DHUET
JUGE AU TRIBUNAL CIVIL
A BRIEY.

Nouveau Régime des Cultes

EN FRANCE

REVUE DE LA JURISPRUDENCE

résultant des lois et décrets

sur la Séparation des Eglises et de l'Etat

2ᵉ **ÉDITION**
(Extrait du « Bulletin-Commentaire des Lois et Décrets »)

PRIX : 4 FR. 50

MAURICE BELZACQ, ÉDITEUR
LIBRAIRIE DES LOIS ET DÉCRETS COMMENTÉS
147, BOULEVARD SAINT-MICHEL, 147 — PARIS (Vᵉ)
(Chèque postal : Paris c. c. 372.86)

1926

L. DHUET

JUGE AU TRIBUNAL CIVIL
A BRIEY.

Nouveau Régime des Cultes

EN FRANCE

REVUE DE LA JURISPRUDENCE

résultant des lois, et décrets

sur la Séparation des Eglises et de l'Etat

2ᵉ ÉDITION

(*Extrait du* « Bulletin-Commentaire des Lois et Décrets »)

PRIX : 4 FR. 50

MAURICE BELZACQ, ÉDITEUR
LIBRAIRIE DES LOIS ET DÉCRETS COMMENTÉS
147, BOULEVARD SAINT-MICHEL, 147 — PARIS (Vᵉ)
(Chèque postal : Paris c. c. 372.86)

1926

NOUVEAU REGIME DES CULTES EN FRANCE

Revue de jurisprudence

INDEX ALPHABÉTIQUE.

(Les chiffres renvoient aux numéros du commentaire).

AVANT-PROPOS

1. *Objet de la revue.* — La dernière loi, relative au régime des cultes en France après la dénonciation du concordat de 1802, est votée depuis plus de quinze ans : long espace de temps pour des dispositions légales autour desquelles les passions politiques ont livré et livrent encore des combats violents et acharnés. A la vérité, le cataclysme de la guerre mondiale imposa une trêve à cette lutte, qui continue sous une forme nouvelle le duel opiniâtre du libéralisme révolutionnaire et du traditionalisme de l'Eglise, du rationalisme et de la foi, du sacerdoce et de l'Etat laïc, écho des vieilles querelles des papes contre le St-Empire germanique touchant la prédominance du pouvoir spirituel sur le pouvoir temporel. Aujourd'hui, après cette accalmie, l'assaut contre les lois de séparation paraît vouloir reprendre avec une animosité revivifiée, au moment même où leur application paraissait sur le point de s'achever par la constitution d'associations diocésaines, autorisées par l'Eglise.

Notre rôle n'est pas de prendre part à ce débat exlusivement politique ni d'ins tituer une critique de ces lois. Notre intention est de donner purement et si mplement un complément aux commentaires de notre distingué collaborateur M. Reutenauer, parus dans le Bulletin, tomes 6 et 7 par la revue des principales décisions de jurisprudence. L'heure nous a paru propice de montrer en quel sens le pouvoir judiciaire a interprété ces lois, de vérifier si M. Aristide Briand, éloquent rapporteur de cette œuvre législative, a vu juste, lorsqu'après avoir rappelé qu'aux termes de l'article 1er de la loi de 1905 la République assure la liberté de conscience et garantit la liberté des cultes, il décrivait l'avenir en ces mots : «Le juge saura, grâce à l'article « placé en vedette de la réforme dans « quel esprit tous les autres ont été « conçus et adoptés. Dans le silence des « textes ou le doute sur leur exacte ap- « plication c'est la solution la plus libé- « rale qui sera la plus conforme à la pen- « sée du législateur... Il n'y aura plus « d'autres limites au libre exercice des « cultes que celles qui seront expressé- « ment édictées dans l'intérêt de l'ordre « public par le projet de loi lui-même. »

En ayant sous les yeux le tableau de la jurisprudence, le lecteur impartial pourra se rendre compte si le législateur a atteint son but, s'il a vraiment élaboré des lois de liberté et de pacification sociale, ou s'il n'a donné le jour qu'à des lois de persécution et de combat, destinées à ruiner les croyances religieuses, en particulier le catholicisme romain, pour y substituer sinon l'athéisme, tout au moins le culte de la raison, la religion de l'humanité, en tout cas un nouveau dogme, fauteur d'intolérance, sous le masque hypocrite d'une tolérance fondée sur l'axiome fondamental de la liberté de conscience. Il lui apparaîtra vraisemblablement que si ces lois ont parfois, à la vérité, heurté et froissé des intérêts matériels, elles n'ont porté aucune atteinte à l'élément spirituel de la religion, au libre exercice du culte, à la croyance des fidèles.

2. *Plan.* — Dans un premier chapitre, nous examinerons quelles conséqnces esl tribqueunaux ont tiré des principes de la liberté de conscience et des cultes ; a) considérés en eux-mêmes, b) quant à la situation personnelle du clergé, c) quant à la suppression du budget des cultes, d) et des établissements publics du culte, e) enfin quant aux exceptions au principe de la suppression du budget des cultes.

Dans le deuxième chapitre, nous passerons en revue les principales décisions relatives aux édifices cultuels ; dans le troisième, les décisions relatives à la police des cultes. Nous consacrerons enfin le quatrième et dernier chapitre aux actions en reprise et en revendication.

CHAPITRE Ier

PRINCIPE DE LIBERTÉ DE CONSCIENCE ET DES CULTES. — PRINCIPE DE LAÏCITÉ. — ABROGATION DU CONCORDAT

§ *1.* — *Liberté de conscience et des cultes.*

3. *Incompétence des tribunaux en matière canonique.* — « Sous le régime de la séparation des Eglises et de l'Etat, aucun texte de loi ne permet aux tribunaux de contrôler les ordonnances épiscopales prises par un évêque dans la plénitude de ses droits. D'autre part, aucun contrat de droit commun ne lie les évêques et leur clergé paroissial. On doit dès lors décider que, les mesures de destitution ou de suspension prises par un évêque contre un curé de son diocèse, échappant au contrôle et à l'appréciation de la juridiction civile, le curé, frappé de suspense « a divinis» par son évêque, n'est pas recevable à agir contre ce dernier en dommages-intérêts devant cette juridiction » (Tr. civ. Draguignan, 15 janvier 1913. G. P. 1913.1.389).

« La demande d' « imprimatur » adressée à un évêque ne fait naître à la charge de celui-ci aucune obligation susceptible d'entraîner l'application de la loi civile. L'évêque, agissant en sa qualité de chef spirituel du diocèse, est seul juge de rendre telle décision qui ne relève que de sa conscience » (Tr. civ. Seine, 13 fév. 1912, G. P. 1912.1.343).

« Le fait par un évêque de conférer à un ecclésiastique qui n'est pas originaire de son diocèse, les pouvoirs nécessaires pour exercer dans ce diocèse certaines fonctions (dans l'espèce, celles d'aumônier d'un sanatorium) ne crée pas entre l'évêque et l'ecclésiastique un lien conventionnel entraînant une obligation civile. Dès lors, en retirant à cet ecclésiastique les pouvoirs qu'il lui avait conférés, l'évêque accomplit un acte d'ordre spirituel, comme chef religieux de son diocèse ; et un tel acte échappe entièrement au contrôle et à l'appréciation de la justice civile. Il en est de même de l'autorisation de dire la messe dans ce diocèse » (ibid.).

« Le prêtre dans son ministère applique les règles canoniques sans autre contrôle que celui de ses supérieurs hiérarchiques et, si l'on n'est pas tenu de recourir à son ministère, on ne peut davantage le contraindre à l'exercer sous condition. Il n'est pas un mandataire agissant pour autrui, mais un ministre de culte exerçant une fonction cultuelle suivant les règles de l'Eglise dont l'appréciation n'appartient pas aux juridictions civiles » (Tr. civ. Epinal, 11 mai 1910, G. P. 1910.2.399).

« En particulier, le père, qui demande l'octroi du baptême à son enfant, doit accepter l'application des règles canoniques imposées par le prêtre, et il ne saurait faire grief au prêtre de n'avoir point accepté pour parrain la personne à lui désignée, alors d'ailleurs qu'il avait été préalablement averti que cette personne ne pouvait remplir ce rôle à la suite de son refus de contribuer au denier du culte et qu'aucun autre parrain non agréé par le père n'a été imposé en fait. En conséquence, l'action en dommages-intérêts intentée de ce chef au ministre du culte ne saurait être accueillie » (ibid.).

« Les églises protestantes ont, depuis les lois sur la séparation des Eglises et de l'Etat, le droit de se gouverner elles-mêmes et de recruter leurs pasteurs comme bon leur semble. Les tribunaux n'ont point à critiquer ou à approuver les investitures ou les révocations. Les statuts des associations cultuelles qui fixent ces règles ont force de loi et s'imposent aux fidèles et aux pasteurs » (Tr. civ. Seine, 2 nov. 1912 ; —Paris, 18 janv. 1915, D. 1916.2.174).

4. *Les fondations religieuses sous la loi de séparation.* — « Si la loi du 9 décembre 1905 a abrogé le concordat elle a proclamé hautement que la République assure la liberté de conscience et garantit le libre exercice des cultes sous les seules restrictions édictées dans l'intérêt de l'ordre public. Dès lors, chacun reste libre de faire dire des messes de son vivant ou après son décès, de choisir des prêtres qui les célèbreront et les lieux où elles seront dites, aussi bien que de laisser à ses successeurs le soin de faire ce choix.

« Il est d'ailleurs loisible à toute personne d'affecter à cette destination un capital ou seulement les revenus que ce capital pourra produire pendant un temps quelconque et d'indiquer la manière dont ce capital devra être placé. Le mode d'exécution des instructions du testateur n'en modifie pas la nature et une pareille clause constitue une charge de la sucession et non, à moins d'intention formellement exprimée par le testateur, un legs à personnes incapables ou incertaines.

« Bien loin de proscrire les fondations religieuses, la loi de 1905 les a, au contraire, formellement reconnues dans son article 19, à la condition qu'elles ne constituent pas une donation déguisée. En conséquence, depuis la séparation des Eglises et de l'Etat, un testateur peut comme auparavant valablement imposer à ses héritiers l'obligation de faire dire des messes à perpétuité pour le repos de son âme »(Rennes, 18 déc. 1911, G. P. 1912.1.274).

L'article 19,en effet, autorise les associations cultuelles prévues par la loi à percevoir des rétributions pour les cérémonies et services religieux « même par fondation ».

§ 2. — *Situation personnelle du clergé.*

5. *Le ministre du culte peut-il ester en cette qualité devant les tribunaux ?* — Cette question a été résolue différemment par les diverses juridictions. « L'article 2 de la loi de 1905 portant que la République ne reconnaît, ne salarie et ne subventionne aucun culte dit le tribunal de Sens (5 déc 1907, G. P. 1908.1.291), celui qui se présente comme curé de la paroisse, ne peut être admis, pour réclamer le logement dans l'immeuble donné, à faire reconnaître judiciairement une qualité que l'Etat ne reconnaît plus. »

Cette décision a été approuvée par une bonne partie de la doctrine. Mais une autre partie, qui paraît emporter la majorité, s'est rangée à l'opinion moins absolue, plus conciliante et plus libérale que le Conseil d'Etat a manifestée de la façon la plus nette dans un arrêt du 17 mars 1911 (G.P. 1911.1.556) :

«Si, aux termes de l'article 2 de la loi du 9 décembre 1905, la République ne reconnaît, ne salarie et ne subventionne aucun culte, cette disposition ne fait pas obstacle à ce que les ministres du culte continuent à exercer leurs fonctions ecclésiastiques en dehors de l'intervention de l'autorité publique conformément aux règles d'organisation générale de chaque culte rappelées expressément dans l'article 4. Il suit de là qu'un ministre du culte catholique qui exerce les fonctions de curé dans une localité, est recevable en cette qualité à déférer au Conseil d'Etat l'arrêté par lequel le préfet a ordonné son expulsion du presbytère et qu'il prétend entaché d'excès de pouvoir. »

D'éminents jurisconsultes se sont ralliés à cette dernière opinion et la défendent avec énergie. « Vainement, dit M. Albert Tissier, dans une note au Sirey (1908.2.273), on a dit que les ministres du culte devaient être, depuis la loi de séparation et pour ce qui concerne leur ministère, légalement ignorés. C'est une idée fausse. Sans doute les curés et desservants n'exercent plus de fonctions publiques ; mais la loi ne les ignore pas: elle les désigne pour leur assurer l'usage des églises ; les tribunaux ne peuvent pas plus les ignorer, quand il s'agit de faire respecter le libre exercice du culte et l'affectation légale des églises qu'ils ne le peuvent s'il s'agit de réprimer les infractions commises par eux dans l'exercice de leurs fonctions. » Comme nous le verrons plus loin, la jurisprudence s'est fixée dans ce sens lorsqu'il s'est agi de déterminer les droits de jouissance sur les édifices cultuels.

6. *Ecclésiastiques et bureaux de bienfaisance.* — De nombreux legs ont été faits soit à des établissements publics, soit aux fabriques avec charge d'en remettre les revenus au curé pour les distribuer aux pauvres. La jurisprudence a été appelée à statuer sur la caducité de semblables dispositions. Le Conseil d'Etat considère en principe qu' « a un caractère cultuel la charge imposée à une commune de verser aux desservants les revenus d'un legs »(7 juin 1912. D. 1914. 3. 78). Mais «lorsqu'une somme a été léguée à une mense curiale pour que les arrérages en soient distribués aux pauvres d'un hameau, cette distribution peut, sous l'empire des lois du 9 décem-

bre 1905, art. 9 § 14, et 13 avril 1908,
être faite par le ministre du culte prévu
par le testateur, sous le contrôle de
l'établissement attributaire, (Cons. d'E-
tat, 17 mai 1912, D.1914.3.78).

Dans le même sens, lorsqu'une libéralité faite à un établissement public,
dans l'espèce un bureau de bienfaisance,
comportant l'intervention d'un ecclésiastique, a été autorisée antérieurement à
la loi du 13 avril 1908 et que d'ailleurs
l'établissement public était mis à même
d'exercer un contrôle sur la répartition
des fonds, le préfet ne peut légalement
décider que la distribution sera faite sans
l'intervention de l'ecclésiastique » (C.
d'Etat, 27 juillet et 2 août 1912, Gaz. Trib.
6 oct. 1912).

La Cour de cassation suit la même
jurisprudence que la haute juridiction
administrative : « lorsqu'un testateur a
légué des biens à une fabrique d'église
avec des charges cultuelles et des charges non cultuelles en instituant une
commission, comprenant le curé, chargée de distribuer les revenus de ces biens,
celui-ci peut continuer à faire partie de
cette commison malgré la séparation de
l'Eglise et de l'Etat et après que ces biens
ont été attribués à un établissement cha-
ritable chargé d'en remettre les revenus
à la commission, alors que le curé fait
partie de cette commission, comme simple ecclésiastique et sans avoir à ce sujet
à accomplir des actes religieux » (Cass.
15 déc. 1913. G. P. 1914.1.218). Le § 14
de l'article 3 de la loi du 13 avril 1908,
remarque cet arrêt, dispose que les établissements publics pourront remplir les
charges comportant l'intervention d'ecclésiastiques pour l'accomplissement
d'actes non cultuels s'il s'agit de libéralités autorisées antérieurement à la promulgation de cette loi et, si, nonobs-
tant l'intervention de ces ecclésiastiques,
ils conservent un droit de contrôle sur
l'emploi des libéralités.

Comment faut-il entendre ce droit de
contrôle ? La décision suivante (Tr. paix
Sospel, 19 mars 1913, Gaz. Trib. 20 sept.

1913) va nous l'indiquer : « l'administration d'un bureau de bienfaisance ne
saurait refuser de remettre au curé d'une
paroisse les arrérages d'une rente qu'elle
administre alors qu'elle a reçu mandat de
faire depuis de longues années cette
remise en vue d'une distribution aux
indigents avec dispense de rendre un
compte quelconque de l'emploi des dits
arrérages et que son refus est motivé
par la prétendue obligation qu'aurait le
curé, depuis la promulgation de la loi
du 13 avril 1908, de produire les pièces
prévues par l'art. 3 § 14 de cette loi.

« En pareil cas, les lois du 9 décembre 1905 et du 13 avril 1908 ne sont pas
applicables et cette inapplicabilité ressort
tant de l'article 7 du décret du 30 novembre 1860 que du principe de la non-ré-
troactivité des lois, la dispense de
rendre compte constituant un droit
acquis, et de l'article 2262 C. civ.

« Le droit de contrôle prévu par la
loi du 13 avril 1908 en faveur des établissements publics ne s'entend que d'un
droit de contrôle implicite, excluant
toute mesure destinée à froisser la sus-
ceptibilité des indigents. »

7. *Rétribution du ministère ecclésiastique.* — « Les lois qui ont prononcé la
séparation de l'Eglise et de l'Etat, non
seulement n'interdisent pas aux ministres d'un culte de réclamer et de recevoir une rétribution pour les frais du
culte, mais même les y autorise au
moins implicitement, l'article 31 de la
loi du 9 décembre 1905 prohibant seulement d'obtenir une rétribution de
cette nature à l'aide de certains moyens
portant atteinte à la liberté des personnes sollicitées. » (Tr. civ. Bazas, 23
nov. 1909, *Loi,* 17 déc. 1910. — Tr.
paix l'Isle-Jourdain, 19 mars 1911,
Gaz. Trib. 1er nov. 1911.).

La circulaire ministérielle du 1er décembre 1906 reconnaît au ministre du culte
seulement la faculté de recueillir des
offrandes pour les actes de son ministère.
« Vainement, le ministre du culte sou-

tiendrait qu'assurant désormais seul l'exercice du culte dans sa paroisse, il est fondé à se prévaloir des dispositions de la loi du 9 décembre 1905 autorisant les associations cultuelles à percevoir des rétributions fiéxes par son article 19, alors qu'aucune association de ce genre n'a été instituée pour la commune et qu'aucun texte ne donne pareille autorisation aux ministres du culte, simples occupants des églises communales. » (Tr. paix Montreuil-sur-Mer, 28 déc. 1909, G P. 1910.1.164). Il ne faut pas oublier, en effet, comme le remarque l'arrêtiste sous cette décision, qu'en retour de l'autorisation donnée par la loi de 1905 aux associations cultuelles, celle-ci leur imposait les charges incombant auparavant aux fabriques en vertu des articles 37, 41 et 42 du décret du 30 décembre 1809. « De quel droit les ministres du culte qui ne supportent pas ces charges exerceraient-ils la même prérogative ? »

Relevons encore une décision fort intéressante (Tr. civ. Montbéliard, 15 déc. 1910. G. P. 1910.1.164), concernant les droits des ministres du culte dans leur rapport avec les fidèles. « Depuis la loi de séparation, les cultes et leurs ministres sont libres et ceux-ci peuvent accorder ou refuser leurs services à qui bon leur semble et aux conditions qu'il leur plaît d'imposer.

« Mais lorsqu'il existe à ce sujet un contrat verbal ou écrit entre un ministre du culte et un fidèle, ce contrat doit être interprété et exécuté de bonne foi, tel que les parties l'ont compris et entendu lors de sa passation, et il ne peut-être révoqué ou modifié que du consentement mutuel des parties ou pour des causes que la loi autorise.

« S'il s'élève des difficultés sur l'interprétation ou l'exécution de ce contrat, les tribunaux civils sont compétents pour en connaître comme de tout autre différend. En décider autrement serait attribuer aux ministres du culte en France au regard de ces tribunaux une indépendanee que la loi ne leur reconnaît pas ».

8. *Ministres du culte et retraites ouvrières*. — « Les ministres du culte, dit un arrêt de la Cour de Cassation, du 24 déc. 1912 (G. P. 1913.1.79) ne rentrent dans aucune des catégories de salariés prévues par l'article 1er de la loi du 9 avril 1910 sur les retraites ouvrières. Ils ne sont pas liés à l'évêque diocésain par un contrat de louage de sérvices, et, par conséquent, les allocations qu'ils reçoivent de l'évêché ne constituent pas un salaire. — En conséquence, le desservant d'une paroisse est à bon droit rayé de la liste des assurés obligatoires ».

Cet arrêt consacre définitivement une nombreuse jurisprudence aux yeux de laquelle « vis-à-vis des desservants des paroisses de son diocèse, l'évêque est un supérieur hiérarchique, et non un employeur: s'il lui plaît de leur allouer annuellement une certaine somme pour améliorer leur situation matérielle, ces allocations ne peuvent avoir le caractère de salaires, le desservant n'étant pas l'employé de son évêque » Trib. civ. Arcis-sur-Aube, 14 déc. 1911. Rev. prat. retr. ouvrières, 1912.1.230. — Cf. tr. civ. Marvéjols, 18 nov. 1911 ; Trib. civ. Le Puy, 1er déc. 1911, *eod. loco*, 1911.1.147).

« Les pasteurs des églises réformées évangéliques de France, dit encore un arrêt de la Cour de Cassation (23 avril 1913, G. P. 1913.1.734), ne concluent pas, relativement à l'exercice de leur ministère, un contrat de louage de services avec les associations cultuelles légalement établies et dès lors, les allocations qu'ils peuvent recevoir ne constituent pas un salaire en sens de la loi du 9 avril, 1910 et ils ne sauraient être inscrits sur la liste des assurés obligatoires de la commune ». De même, l'allocation annuelle accordée à l'aumônier protestant d'un arsenal « pour l'indemniser des frais occasionnés pour l'exercice des cultes n'a pas le caractère d'un salaire (Cass. 25 avril 1914, G. P. 1914.1.611).

Les ministres du culte pourront-ils être inscrits sur la liste des assurés facultatifs ? Dans l'affirmative, à quelles conditions ? La jurisprudence fournit à ces questions les réponses suivantes :

« Le refus d'inscription, à titre de locataire d'un bien rural, sur la liste des assurés facultatifs d'un ministre du culte, est justifié par le jugement qui se fonde sur ce que cet ecclésiastique tirait ses principaux moyens d'existence de l'exercice du ministère sacerdotal et que les travaux agricoles auxquels il se livrait, s'appliquaient « surtout à une entreprise d'agrément et d'hygiène » (Cass., 13 nov. 1912, G. P. 1912.2.605). De même « le ministre du culte qui n'est pas propriétaire de terres et se livre à l'apiculture non comme profession principale, mais par agrément, ne peut alors qu'il tire ses principaux moyens d'existence de ses fonctions sacerdotales, être inscrit comme assuré facultatif sur les listes des assujettis à la loi sur les retraites ouvrières et paysannes » (Tr. paix, Brou, 24 janv. 1913 ; Mon. J. de paix, 1913, 479).

Mais, au contraire, « l'inscription est à bon droit accordée à celui qui, d'après la déclaration des juges du fond, propriétaire d'un certain nombre de parcelles de terre d'une certaine contenance, les cultive habituellement seul en tirant des produits de ses récoltes et de sa basse-cour la plus grande partie de ses moyens d'existence ». (Cass. 20 nov. 1912.2.605).

§ 3. — *Suppression du budget des cultes.*

9. *Interdiction des subventions.* — L'article 2 de la loi du 9 décembre 1905 prohibe toute subvention au culte directe ou indirecte. Le Conseil d'Etat s'est prononcé à maintes reprises pour le rejet de toute allocation qui avait le caractère d'une subvention déguisée. Il

a considéré comme telle l'allocation au desservant, par un conseil municipal, d'un traitement à titre de gardien de l'église paroissiale, en dehors de toute circonstance spéciale pouvant justifier cette énumération (C. d'Etat, 6 juin 1914, *Loi* 5 déc. 1914). Il en serait ainsi alors même que la délibération du Conseil municipal n'aurait visé que la qualité d'électeur du desservant, si cette délibération a été prise en faveur de celui-ci à raison de sa qualité de ministre du culte et en vue de lui conserver, sous forme de rétribution annuelle, la jouissance gratuite du presbytère (C. d'Etat, 22 avr. 1910. D. 1912.3.76).

« L'art. 2 de la loi du 9 décembre 1905 n'a entendu interdire que l'inscription de crédits en vue de subventionner à titre permanent et régulier le service public des cultes. Elle ne fait pas obstacle à ce que l'Etat, les départements, les communes et les établissements publics accordent, à titre temporaire et accidentel, aux ministres des différents cultes, une rénumération légitime et correspondant au service rendu à raison d'actes de leur ministère, au cas où ils en auraient été régulièrement requis par l'administration. — Spécialement ne viole pas la loi précitée et, par suite, ne saurait être annulée par le préfet, la délibération du conseil municipal mettant à la charge de la commune les frais des obsèques des soldats dont les corps sont ramenés du front » (C. d'Etat, 6 janvier 1922. G. P. 1922.1.239, S.1925. 3.39).

L'acquisition d'objets exclusivement destinés à la célébration du culte ne rentre pas dans les prévisions de l'article 5 de la loi du 13 avril 1908, qui autorise les communes à engager les dépenses nécessaires pour l'entretien et la conservation des édifices du culte dont la propriété leur est reconnue par la loi (C. d'Etat, 11 juillet 1913, *Loi*, 15 oct. 1913). Mais une somme votée avec cette destination de pourvoir à l'entretien de l'immeuble cultuel appar tenant à commune et des objets mobiliers qu'il renferme, et qui ont été laissés à la disposition des ministres du culte et des fidèles conformément à la loi du 2 janvier 1907, art. 2, ne constitue pas une subvention à l'exercice du culte (Cons. d'Etat, 10 nov. 1911, D. 1913.3.149). De même les sommes votées pour le salaire de préposés au gardiennage, à la conservation et à l'entretien de deux églises et des objets mobiliers qui les garnissent ne peuvent être considérées comme des dépenses relatives à l'exercice du culte interdites aux communes (C. d'Et. 13 déc. 1912, Gaz. Trib. 18 fév. 1913).

Un conseil municipal ne concède pas une subvention au culte catholique en abaissant le montant du loyer du presbytère, alors qu'il n'a eu d'autre but que d'assurer la location d'un immeuble qui risquait de demeurer inoccupé (C. d'Et. 28 nov. 1913. *Loi* 22 déc. 1913), Mais, renferment l'allocation d'une subvention indirecte au culte catholique les délibérations d'un conseil municipal, fixant le prix de location du presbytère à une somme inférieure à la valeur locative réelle, en considération de l'obligation acceptée par le desservant « de faire gratuitement pour les indigents tout ce qui concerne son ministère » (C. d'Etat, 7 avril 1911, *Loi* 10 mai 1911.

« Si l'art. 1er § 3 de la loi du 2 janvier 1907 subordonne dans tous les cas à l'approbation du préfet les actes de location des presbytères, cette disposition n'a eu pour objet que d'interdire aux communes de donner des subventions déguisées pour l'exercice du culte. Dès lors, le préfet méconnaît la portée de l'art. 1er § 3 susvisé, en refusant d'approuver la délibération par laquelle un conseil municipal consent la location du presbytère au desservant, alors que le loyer stipulé est normal et que le bail ne constitue pas une subvention déguisée pour l'exercice du culte (C. d'Etat, 12 mars 1915, S. 1921.3.32).

§ 4. *Suppression des établissements publics cultuels.*

10. *Des biens susceptibles d'être mis sous séquestre.* — « La loi du 5 décem-1905 n'a supprimé que les établissements publics du culte, c'est-à-dire les personnes civiles créées par l'Etat, pour gérer le service public du culte, et non les établissements autonomes ayant une autre affectation » (Chambéry, 28 mai 1922, *Loi* 9 décembre 1912). Par application de ce principe il a été jugé (Nîmes, 19 juin 1912. Mon. jud. Midi, 3 nov. 1912) que « c'est en vain que le séquestre d'une mense de séminaires diocésains revendique un immeuble à l'usage de séminaire qui, ayant été acheté et construit par des prêtres séculiers, affecté par eux à un séminaire, et apporté par eux à une société civile, constitue une propriété privée.

« Les titres de propriété des possesseurs ne peuvent être infirmés que par la preuve rapportée de l'interposition de personnes, à défaut ces titres conservent toute leur efficacité et leur force probante. Les présomptions de la loi de 1901, spéciales aux congrégations religieuses, n'ont pas été étendues, par la loi de séparation, aux biens occupés par un établissement d'un culte concordataire, et la demande en revendication du séquestre doit être rejetée dès l'instant qu'il ne prouve pas l'interposition ».

11. *Paiement des dettes des établissements supprimés.* — « Aux termes de l'art. 1 § 4 de la loi du 13 avril 1908, les biens des établissements ecclésiastiques supprimés doivent être affectés au paiement du reliquat de leurs dettes régulières et légales, quelles que soient les causes de ces obligations : contrat ou quasi-contrats, délits ou quasi-délits. Cette disposition est applicable notamment aux emprunts contractés même en violation d'un décret organique, pour assurer l'existence d'un de ces établissements, s'il est avéré que ces emprunts ont effectivement servi à son entretien et qu'ils résultaient d'actes sincères. En ce cas la créance du prêteur est tout au moins protégée par les règles du quasi-contrat de gestion d'affaires » (Caen, 24 mai 1911, Rec. Caen, 1912, 68).

« N'est pas une dette régulière la dette contractée par une fabrique sans autorisation administrative, et alors que les fonds ont servi à régler les travaux excédant les devis approuvés pour la reconstruction d'une église. Mais elle constitue une dette légale, non seulement à raison de l'action de *in rem verso*, mais à raison du quasi-contrat de gestion d'affaires, qui oblige même les mineurs et les personnes morales dans la mesure du profit retiré. » (Montpellier, 13 févr. et 7 mai 1912, Mon. jud. Midi, 30 juin 1912).

« Les biens des anciens établissements cultuels ayant été affectés par l'article 1ᵉʳ § 4 de la loi sus rappelée au paiement du reliquat des dettes de ces établissements et subsidiairement l'ensemble des biens ayant fait retour à l'Etat, aucune charge n'a été imposée aux communes attributaires des églises, et c'est à tort qu'elles seraient assignées avec le séquestre en paiement du passif cultuel » (Montpellier, précité).

12. *Action des créanciers : compétence judiciaire et administrative.* — « L'article 3 de la loi du 13 avril 1908 qui a réservé aux tribunaux civils la connaissance de toutes les actions engagées par les créanciers des établissements ecclésiastiques supprimés contre les séquestres ou contre les établissements attributaires des biens, a créé une exception à l'article 4 de la loi du 28 pluviôse an VII qui attribue compétence au au Conseil de préfecture en matière de travaux publics. » (C. d'Etat, 24 avril 1912, D. 1914.3.70. — 2 mai 1912, ibid). La juridiction civile connaîtra donc de l'action intentée par un entrepreneur de travaux publics ou son ayant droit con-

tre l'administrateur séquestre des biens d'un petit séminaire, en paiement de travaux exécutés pour le compte de cet établissement (*ibid.*), — ou bien de l'action intentée contre une commune attributaire des biens d'une fabrique par les personnes qui prétendent avoir fourni des fonds pour l'exécution de travaux publics (*ibid.*) ; ou encore d'une demande d'honoraires formée par l'architecte d'un établissement ecclésiastique supprimé (C. d'Etat, 28 juin 1912, *Loi* 12 oct. 1912 ; — 3 mai 1912, Mon. jud. Lyon, 21 août 1912).

L'action doit être introduite à peine de déchéance dans les termes et délais fixés par l'article 3 de la loi du 13 avril 1908.

« Aux termes des § 10 et 12 de l'art. 9 de la loi du 13 avril 1908, l'action de tout créancier d'un établissement public du culte dont les biens ont été mis sous séquestre, qui veut obtenir le paiement de sa créance, est définitivement limitée s'il n'a pas déposé de mémoire dans les six mois qui suivent la publication au *Journal Officiel* de la liste des biens séquestrés. Ce titre ne faisant aucune distinction entre la demande principale et la demande reconventionnelle, la même conclusion leur est applicable. Elle est applicable notamment à la demande en remboursement des dépenses faites pour la construction d'un immeuble séquestré » (Cass. 22 fév. 1922. G. P. 1922.1.598).

Toutefois, le législateur n'a pas dessaisi les conseils de préfecture des réclamations régulièrement formées devant eux avant la promulgation de la loi précitée : c'est ainsi que le conseil de préfecture demeure compétent pour connaître de l'action intentée par les héritiers d'un entrepreneur, en paiement des travaux de reconstitution d'une église, commandés par l'autorité ecclésiastique avant les lois de séparation (C. d'Etat, 15 nov. 1912. *Loi* 25 janv. 1912).

Il sera également compétent pour

Connaître de l'action intentée contre la commune attributaire à raison des obligations qui lui incomberaient directement à l'occasion des travaux exécutés à une église et à un presbytère antérieurement à la loi du 9 décembre 1905 (C. d'Etat 24 avril 1912. D. 1914.2.70).

§ 5. — *Exceptions au principe de la suppression du budget des cultes*

15. *Service d'aumôneries.* — « La disposition de l'article 2 de la loi du 9 décembre 1905, qui permet d'inscrire au budget de l'Etat, des départements et des communes, les dépenses d'aumôneries destinées à assurer le libre exercice des cultes dans les établissements publics, tels que lycées, collèges et écoles, n'a entendu viser que les établissements où le personnel n'a pas la faculté de prendre part au dehors aux exercices religieux. En conséquence, est nulle de droit la délibération par laquelle le conseil municipal vote un crédit pour créer un service d'aumônerie en dehors des locaux scolaires d'une école qui ne compte que des externes (C. d'Etat, 19 mai 1911, D. 1913.3.104). Les écoles primaires élémentaires ne sont pas au nombre des établissements scolaires auxquels s'applique la dérogation (C. d'Etat, 24 déc. 1909, G. P. 1910.1.450).

CHAPITRE II.

EDIFICES CULTUELS.

§ 1. — *Propriété des églises et des objets du culte.*

14. *Propriété des églises.* — « Si, dans son article 1er, la loi du 13 avril 1908 a attribué aux communes, sur le territoire desquelles ils sont situés, les édifices appartenant aux fabriques qui étaient affectés au culte, lors de la promulgation de la loi du 9 décembre 1905, et qui n'auraient été ni restitués ni revendiqués dans le délai légal, cette disposition n'est point applicable à une église qui, au moment de ladite promulgation était encore en cours de construction.

« On ne saurait d'ailleurs considérer comme équivalant à une affectation réalisant dès à présent la « désignation d'un édifice » prévue à l'article 77 de la loi du 18 germinal an X, un arrêté du préfet qui, après accord avec l'évêque, avait choisi et indiqué l'emplacement sur lequel la future église devait être édifiée.

« Et l'on ne peut davantage faire état d'un décret qui, visant l'une des deux vieilles églises que la nouvelle était destinée à remplacer, décidait que le culte y serait maintenu jusqu'à l'achèvement de celle-ci, subordonnant ainsi la désaffectation de la première, et l'affectation de la seconde à une condition, qui, en fait, ne s'est pas réalisée avant la loi de 1905.

Dès lors, ces constructions inachevées ont pu valablement faire, de la part de l'entrepreneur impayé, à la suite d'une condamnation par lui obtenue, l'objet d'une saisie pratiquée à l'encontre de l'administration des domaines prise en sa qualité de séquestre des biens de la fabrique, dont lesdites constructions étaient demeurées la propriété » Cass. 19 fév. 1913, G. P. 1914.1.389).

15. *De l'emploi des indemnités d'assurances en cas d'incendie.* — Une commune n'a pas la libre disposition de l'indemnité d'assurance payée à raison de l'incendie de l'église communale. Il résulte des termes de l'article 8 de la loi du 2 janvier 1907 que cette indemnité, représentant la partie consumée de ladite église, doit être affectée à la reconstruction de celle-ci. Est donc nulle de droit, comme prise en violation de cette disposition législative, la délibération du conseil municipal qui a décidé d'employer cette somme à un autre objet.

« La demande tendant à voir déclarer cette délibération nulle de droit, conformément à l'article 65 de la loi du 5 avril 1884, pouvant être formée à toute époque, doit être lui-même annulé pour excès de pouvoir l'arrêté préfectoral qui a refusé de faire droit à cette demande, sous prétexte qu'elle aurait dû être formée dans les quinze jours qui ont suivi l'affichage de la délibération ». (C. d'Etat, 19 juin 1914. G. P. 1914.2 et 1915, 163). Selon la remarque du commissaire du gouvernement dans ses conclusions, « d'après un double principe légal le conseil municipal enrichissant gratuitement la commune aux dépens d'autrui, ne pouvait s'approprier une recette d'ordre dont il n'avait pas la libre disposition ».

L'indemnité pour dommages de guerre comme l'indemnité d'assurance, devra obligatoiremement, par l'article 12 de la loi du 17 avril 1919, être employée à la reconstruction de l'église et à la reconstitution du mobilier la garnissant.

16. *Propriété des objets mobiliers.* — « Les meubles apportés dans une église, non par la commune ou par quelqu'un la représentant, mais par le desservant ou l'auteur de celui-ci, ne deviennent pas immeubles par destination, bien que quelques-uns d'entre eux fussent attachés à l'église. Le desservant peut donc les revendiquer ». (Cass. 19 mai 1914, S. 1915.1.38).

« La concession par un conseil de fabrique à un particulier de la jouissance d'un banc d'église est devenue caduque depuis la promulgation de la loi sur la séparation des Eglises et de l'Etat et le cessionnaire n'a plus d'action pour se faire indemniser du trouble que pourrait lui causer celui qui prétend occuper le banc concurremment avec lui ou en ses lieu et place » (Just. paix Condrieu, 19 juin 1925, S. Rec. Som. 1926 n° 225).

§ 2. — *Affectation des églises au culte.*

17. *Affectation des immeubles.* — « Les dépendances d'une église nécessaires au service du culte doivent être laissées à la disposition du ministre du culte. Doivent être considérés comme tels des bâtiments ayant toujours servi de sacristie, de bibliothèque paroissiale et de lieu de resserre des objets cultuels.

Ces bâtiments ne peuvent par suite être distraits de leur affectation légale et doivent être mis à la disposition des fidèles et des ministres du culte dans les conditions où ils l'étaient au moment de l'application de la loi de séparation » Trib. civ. Aix, 4 mars 1914, Gaz. Trib. 6 juin 1914. — Cf. Lyon, 23 octobre 1912, loi 9 décembre 1912).

18. *Bancs et chaises.* — « Si, aux termes de l'article 5 de la loi du 2 janvier 1907, les édifices affectés à l'exercice du culte, ainsi que les meubles les garnissant, doivent continuer à être laissés à la disposition des ministres du culte, ceux-ci ne peuvent exercer sur eux que les droits qui résultent de la mise de ces meubles à leur disposition pour la pratique de leur religion.

« Spécialement, lorsque, d'après les constatations des juges du fond, le desservant a fait apposer des marques sur divers bancs ou chaises faisant partie du mobilier appartenant, comme cette église elle-même, à la commune et qu'il a perçu des sommes d'argent pour la location de ces meubles, la cour d'appel a pu juger qu'à raison de l'atteinte ainsi indûment portée par ce desservant au droit de propriété de la commune, il était dû à celle-ci des dommages-intérêts » (Cass. 15 juillet 1912, G. P. 1912.2.115).

Toutefois « un maire ne peut, ni dans l'intérêt du domaine privé de la commune, ni en vue de régler l'usage du mobilier de l'église par les fidèles, user de ses pouvoirs de police pour interdire l'apposition ou le maintien de marques sur les bancs et chaises de l'église » (C. d'Etat, 28 juillet et 4 août 1916, Gaz. Trib. 24 septembre 1916).

19. *Objets affectés au service des pompes funèbres.* — « L'article 3 de la loi du 28 décembre 1904 ayant laissé aux fabriques et consistoires le droit exclusif de fournir les objets destinés au service des funérailles dans les édifices religieux, et à la décoration intérieure et extérieure de ces édifices et les meubles qui garnissaient les édifices du culte devant, aux termes de l'article 5 de la loi du 2 janvier 1907, demeurer à la disposition des ministres du cultes et des fidèles pour la pratique de leur religion. est entaché d'excès de pouvoir, l'arrêté municipal qui prescrit, sans restriction ni réserve, le dépôt à la mairie de tous les objets affectés au service des pompes funèbres pour être mis à la disposition des habitants. En effet, par la généralité de ses termes, cet arrêté s'étend même aux objets réservés au service intérieur des funérailles dans les édifices religieux, objets qui doivent être laissés à la disposition des ministres du culte et des fidèles ». (C. d'Etat, 4 août 1913. S. 1913. 3. 161 et note de M. Hauriou).

« Il importe peu que ces objets fussent la propriété de la commune ou de la fabrique avant la séparation des Églises et de l'Etat : en effet, l'article 5 de la loi du 2 janvier 1907 n'a fait aucune distinction basée sur l'origine des meubles garnissant les églises, et il a grevé de la même servitude d'affectation cultuelle tous ces meubles, aussi bien ceux qui avaient appartenu aux communes que ceux qui provenaient des anciennes fabriques supprimées par la loi du 9 décembre 1905 » (Tr. civ. Le Mans 15 juillet 1913. S. 1914.2.91).

20. *A qui appartient le droit de jouissance ?* — « En vertu de l'article 5 de la loi du 2 janvier 1907, les édifices religieux doivent rester affectés au culte qui y était célébré sous le régime concordataire : la disposition et la jouissance n'en peuvent donc être légalement attribuées qu'en conformité des règles d'organisation générale de ce culte, lesquelles comprennent, en ce qui concerne le culte catholique, la soumission à la hiérarchie ecclésiastique.

« Méconnaît dès lors les règles d'organisation générale du culte catholique, et par suite, viole les dispositions de l'article précité le conseil municipal qui attribue la jouissance de l'église à un prêtre interdit par ordonnance épiscopale et, par suite, sa délibération doit être annulée » (C. d'Etat, 23 janv. 1920, G. P. 1920.1.194. — V. dans le même sens Cass. 6 février 1912. G. P. 1912.1. 248. D. 1912.1.121).

21. *Nature et étendue du droit de jouissance.* — M. Tissier, dans sa note au Sirey (1908.2.273), a défini très exactement et de manière irréfutable la nature et l'étendue du droit de jouissance, accordé par le législateur de 1907, aux ministres du culte et aux fidèles sur les édifices religieux et les meubles les garnissant. « La loi a bien entendu main-
« tenir l'affectation de l'église à l'exer-
« cice du culte catholique ; elle a bien
« voulu et non pas d'une façon provi-
« soire, mais définitivement, mettre
« l'église à la disposition des fidèles et
« des ministres du culte pour la pratique
« de leur religion. Il y a là, pour les
« fidèles et pour les ministres du culte,
« un droit conféré par la loi, reposant
« donc sur un titre juridique précis et
« régulier. La situation légale est très
« ferme, très solidement assise, et nul-
« lement précaire. La loi. pour assurer
« le maintien de l'affectation de l'église,
« a voulu donner aux catholiques, en
« dehors de toute association et de tout
« contrat, un droit d'usage ; la jouis-
« sance de l'église accordée au prêtre et
« aux fidèles n'est donc pas un simple
« fait : elle est l'exercice d'un droit,
« d'une faculté reconnue par la loi. En
« d'autres termes, les catholiques ont
« reçu des lois de séparation un statut
« légal qui leur confère plusieurs droits
« et notamment l'usage des églises pour
« la pratique de la religion...

« Les effets de ce droit d'usage sont
« déterminés par son objet même, qui
« est limité à l'exercice du culte, à la
« pratique de la religion. Il est certain
« qu'il n'en résulte aucun pouvoir de
« gestion ou d'administration en ce qui

« concerne l'église et les biens mobiliers
« affectés au culte. Mais il faut recon-
« naître aux fidèles et aux ministres du
« culte tous les droits que comporte
« pour eux l'affectation légale et le libre
« exercice du culte suivant les règles
« d'organisation de l'Eglise catholique.
« Le curé ou desservant, régulièrement
« désigné par l'évêque, a le droit et a
« seul le droit de se servir de l'église
« pour l'exercice du culte. Seul, il a qua-
« lité pour organiser les offices, régler
« les cérémonies ; seul il a le droit de se
« servir des objets mobiliers affectés au
« culte, et de diriger le personnel néces-
« saire pour leur garde et leur entretien.
« Non seulement il a par suite le droit
« d'exiger le libre accès de l'église et la
« remise des clefs, — le maire qui a la
« gestion des biens communaux, pou-
« vant évidemment d'ailleurs avoir
« d'autres clefs à sa disposition, — mais
« il a aussi le droit d'empêcher qu'au-
« cun autre prêtre ait l'usage de l'église
« et des objets cultuels, et qu'aucune
« cérémonie religieuse y soit célébrée
« sans sa participation et contre sa vo-
« lonté... » (Cf. dans le même sens, Paul
Bureau, note sous D. 1911.2.105). Et ce
droit de jouissance est muni d'une action
judiciaire : il peut fonder, en dehors de
tout dommage matériel particulier, une
demande en dommages-intérêts.

« Le titre légal résultant pour les
fidèles et les ministres du culte de l'article 5 § 1er de la loi du 2 janvier 1907
donne à ceux-ci qualité pour s'adresser
à justice pour obtenir soit la disposition des objets du culte qui leur sont
nécessaires pour la pratique de leur religion, soit la cessation d'un trouble
qu'un tiers apporte à leur paisible occupation. L'action du ministre du culte qui
réclame à un séquestre judiciaire la
remise d'objets du culte compris à tort
dans la succession de son prédécesseur
est donc recevable » (Tr. civ. Gourdon,
10 juin 1920, Gaz. Trib. 10 septembre
1920).

Un arrêt de la Cour de Toulouse du
29 novembre 1925 (Gaz. Pal. 6-7 décembre 1925) trace très nettement les limites du droit des ministres du culte :
« Le droit d'occupation par les ministres
du culte des édifices affectés à cet exercice, tel qu'il est édicté par la loi du 2
janvier 1907, revêt un caractère spécial,
en ce sens notamment qu'il ne doit pas
nuire à celui des fidèles, de pénétrer
librement dans les églises, même en
dehors des cérémonies religieuses pour
y prier individuellement et chaque jour
pendant le temps fixé pour en pratiquer
normalement l'accès.

« Il ne saurait donc dépendre de la
seule volonté d'un desservant d'une
paroisse de disposer d'une église, en la
fermant et en en gardant exclusivement
les clefs, c'est-à-dire en l'interdisant aux
fidèles pendant tout le temps qui lui
convient ; et le maire chargé de la gestion des biens communaux et légitime-
ment soucieux d'assurer à ceux qui ob-
servent la religion catholique la libre
pratique de leur foi, a le droit de réclamer une clef de cet édifice, comme il a
l'obligation de remettre sans frais au
desservant une clef de la nouvelle ser-
rure qu'il a fait placer. »

22. *Responsabilités des ministres du
culte en cas d'incendie.* — La jurisprudence des cours et des tribunaux ten-
dait à faire retomber en cas d'incendie
toute la responsabilité sur le curé ou
desservant qui avait la jouissance légale
de l'église et des objets du culte. » Le
ministre du culte, débiteur de corps certains mis à sa disposition, est responsable des détériorations et de la perte
de ces corps, par application des articles
1245 et 1302 C. civ. dit la cour de Bourges (2 déc. 1913, S. 1915, S. 1915.2.49).
Il ne peut être déchargé de cette responsabilité que s'il prouve que la détérioration et la perte sont le résultat d'un cas
fortuit. Il importe peu que le ministre
du culte n'ait pas été locataire de l'église
et des objets qu'elle contenait ; en effet,
ce n'est pas en vertu des règles spéciales

du contrat de bail, mais bien des articles 1245 et 1302 C. civ. que celui-ci doit restituer ou payer ».

« Le prêtre catholique, dit encore un jugement du tribunal de Le Blanc (29 avril 1913, *Droit*, 2 juillet 1913, régulièrement investi par l'autorité ecclésiastique, est le principal occupant de l'édifice affecté au culte : il a seul la direction des offices religieux, et il a seul le droit de fixer les heures d'ouverture et de fermeture de l'église. Ces droits lui imposent une obligation de surveillance et, en cas d'incendie, sa situation est analogue à celle d'un locataire, d'un usufruitier ou d'un usager. Il est donc responsable de l'incendie survenu dans l'église, alors surtout que seul le sacristain, mandataire du curé, détenait la clef de l'église et que l'incendie s'est déclaré ré un dimanche, après les cérémonies du culte ». (Cf. dans le même sens, Tr. civ. Lorient, 23 juillet 1918, Rec. ass. 1918.404).

Un arrêt de la Cour de cassation du 5 janvier 1921 (G. P. 1921.1.151) renverse cette jurisprudence : « Le titre légal, résultant de l'article 5 § 1er de la loi du 2 janvier 1907, ne confère au ministre du culte en dehors des cas où une concession administrative lui aurait été consentie sur sa déclaration dans les termes des alinéas 2 et 3 du même article, aucun droit réel ou personnel sur l'édifice cultuel et le mobilier le garnissant, mais uniquement la faculté d'en user dans la mesure nécessitée pour l'exercice du culte.

« Etant sans droit pour accomplir aucun acte d'administration, en conséqnence, n'étant pas obligé ni même admis à effectuer sans l'assentiment du propriétaire les réparations nécessaires à la conservation et à l'entretien de l'église et des meubles cultuels, le ministre du culte ne peut être astreint à en assurer la garde et la restitution.

« Dès lors, du cas de destruction ou de détérioration résultant du cas d'incendie, il ne peut être déclaré respon-

sable que si le propriétaire de l'édifice ou des objets cultuels établit à son encontre que le dommage a été causé par une faute, une négligence ou une imprudence qui lui est imputable ».

Il résulte donc de cet arrêt fort important qui a cassé l'arrêt de la Cour de Bourges, rapporté plus haut, qu'en cas d'incendie on ne peut invoquer contre les ministres du culte les dispositions des articles 1245 et 1302 C. civ., mais seulement celles des articles 1382 et 1383.

CHAPITRE III.

POLICE DES CULTES.

§ 1. *Troubles et entraves à l'exercice des cultes.*

23. *Désordres à l'occasion d'un sermon* — « L'article 32 de la loi du 9 décembre 1905 prévoit la répression des troubles et désordres causés dans un local servant aux exercices du culte par ceux qui les empêchent, retardent et interrompent ; en admettant que cette disposition légale ne fasse aucune distinction et qu'elle soit en principe applicable aux ministres du culte eux-mêmes, il faut tout au moins pour la leur appliquer qu'il soit établi en fait qu'ils ont eu l'intention d'empêcher, de retarder ou d'interrompre l'exercice des cérémonies religieuses auxquelles ils procédaient. Cette preuve n'est pas faite contre le curé qui, par des paroles regrettables, prononcées au cours d'un service funèbre, a provoqué des incidents tumultueux dont l'effet a été d'interrompre la cérémonie, alors qu'il est constant qu'il n'avait ni prévu ni voulu cette conséqnence de ses propos » (Paris, 12 janv. 1912. G. P. 1912.1. 134).

24. *Effraction de l'église par ordre du maire.* — « Ne constitue pas le délit de trouble à l'exercice du culte prévu par la loi du 9 décembre 1905, art. 32, le fait par un maire d'avoir fait forcer la porte d'une église catholique romaine pour y introduire un prêtre schismatique, ni le fait par ce dernier d'y avoir pénétré, dès lors qu'il est constant qu'il ne s'exerçait aucun culte à ce moment.

« Par contre ce fait constitue à la charge du maire un quasi-délit, mais, à défaut de préjudice résultant d'un empêchement ou d'une gêne à l'exercice du culte dans l'église ou d'une dépense de réparation aux serrures incombant au ministre du culte, demandeur en dommages-intérêts, son action ne saurait être accueillie au regard du maire.

« De même, elle doit être écartée au regard du prêtre schismatique, qui a pénétré dans l'église, dès lors qu'il n'y a eu de sa part, ni gestes outrageants, ni paroles injurieuses, qu'il s'est retiré devant les injonctions du demandeur, lequel n'a dès lors pu être diminué aux yeux des fidèles ni dans son autorité ni dans son prestige, et qu'il s'est abstenu de célébrer un office susceptible de constituer un scandale dommageable, l'intention seule ne pouvant constituer la faute servant de fondement à une demande de dommages-intérêts » (Tr. civ. Agen, 11 mars 1909. G. P. 1909. G. P. 1924. 627).

§ 2. — *Infractions aux articles 26 et 35 de la loi du 9 décembre 1905.*

25. *Réunion publique dans une église et provocation à résister à l'exécution des lois.* — « Constitue une infraction à la loi du 9 décembre 1905 le fait de donner une conférence dans une église alors que cette conférence, ayant un caractère politique certain, ne peut être considérée comme une réunion ayant pour objet l'exercice du culte. Constitue d'autre part un délit le fait de prononcer dans la dite église un discours contenant une provocation directe à résister à l'exécution des lois et des actes légaux de l'autorité publique et tendant à soulever ou à armer une partie des citoyens contre les autres.

« Se rend coupable de complicité par aide et assistance le curé qui met son église à la disposition d'un ministre du culte en vue d'une réunion politique du genre dont s'agit » (Tr. cor. Perpignan, 26 mars 1925, Gaz. Trib. 19-20 juin 1925).

§ 3. — *Infractions à l'article 31 de la loi du 9 décembre 1905.*

26. *Enlèvement du chapeau d'un spectateur au passage d'une procession.* — « Un élément essentiel du délit prévu par l'article 31 de la loi du 31 décembre 1905 est que la volonté d'un tiers ait été déterminée à l'accomplissement ou à l'inaccomplissement des actes qui y sont spécifiés par l'un des moyens qui y sont énumérés.

« Spécialement le fait imputé à un prêtre, ayant consisté à enlever devant une procession le chapeau d'un tiers et à le conserver entre ses mains pendant le passage du dais, ne tombe pas sous le coup de la disposition précitée, le fait de rester découvert devant une procession n'impliquant pas nécessairement l'exercice d'un culte, alors du moins qu'il résulte des explications du prévenu qu'il n'a pas eu l'intention d'obliger ledit tiers à accomplir un acte du culte, mais qu'il a seulement voulu le contraindre à donner une marque de déférence admise par l'usage, et, en s'appropriant ses explications, les juges du fond constatent un fait qui relève de leur appréciation souveraine.

« En admettant d'ailleurs qu'il s'agisse d'un acte cultuel, le tiers ne saurait être considéré dans ces circonstances de fait comme ayant été « déterminé » par la voie de fait, dont il a été victime, à accomplir ledit acte. Dès lors l'infraction relevée constitue seulement la contravention de violences légères » (Cass. 12 février 1909, G. P. 1909. 1.293, — sic. Caen, 25 février 1908, G. P. 1909.1.32).

27. *Obligation de payer le denier du culte.* — « Depuis la séparation des Eglises et de l'Etat, l'Eglise catholique a, comme tout syndicat ou toute association analogue, le droit de refuser à ceux qui ne contribuent pas à l'exercice de son culte les faveurs qu'elle peut accorder à ses adhérents. En conséquence, ne constitue pas une menace, aux termes de l'article 31 de la loi du 9 décembre 1905 le fait par un desservant de mettre un de ses paroissiens, à l'occasion de la célébration d'un mariage, en demeure de payer le denier du culte, faute de quoi le ledit mariage serait célébré à un tarif double ou dans la forme des mariages d'indigents » (Cass. 16 juin 1909, D. 10. 2.14 ; — 9 avril 1910. G.P. 1910.1.489). De pareilles négociations, dit ce dernier arrêt, ne présentent pas un caractère attentatoire à la liberté de conscience, et échappent aux prévisions de l'article 31 de la loi sus rappelée.

§ *4.* — *Police intérieure des édifices cultuels pendant la célébration du culte.*

28. *Etendue des pouvoirs de police du ministre du culte.* — La Cour de cassation, dans deux arrêts de principe du 1er décembre 1910 (G. P. 1910.2.604), et du 12 janvier 1911 (G. P. 1911.1.132), a défini le droit de police des ministres du culte dans des églises, temples et synagogues.

« En vertu de l'article 1er de la loi du 9 décembre 1905 et de l'article 5 § 1 de la loi du 2 janvier 1907 et par une conséquence naturelle de ces dispositions législatives, les ministres du culte catholique possèdent tous les droits qui leur sont nécessaires pour assurer le libre exercice du culte dans les lieux où il est pratiqué. Dans cette limite et sous les réserves spécifiées par la loi dans l'intérêt de l'ordre publique, ils exercent seuls les droits en question et, en ce qui concerne les mesures exclusivement nécessitées par l'exercice du culte, l'autorité municipale ne saurait user d'un droit de réglementation qu'aucun texte de la législation précitée ne lui attribue et que ne lui confère pas l'article 97.—3° de la loi du 5 avril 1884.

« En conséquence, un arrêt n'encourt pas l'annulation lorsque, pour reconnaître à un prêtre, en qualité de ministre exerçant le culte catholique dans une commune. le droit d'organiser dans l'église un chœur de chanteurs et de lui assigner une place réservée dans cet édifice, ledit arrêt déclare que l'exercice du culte a pour conséquence nécessaire l'attribution de la « police intérieure des temples », alors du moins qu'il n'apparaît pas que cette expression ait été employée par cet arrêt, dans un sens différent de ce qui précède. »(1er arrêt).

« Il résulte des dispositions qui garantissent la liberté religieuse que les ministres du culte possèdent tous les droits qui leur sont nécessaires pour assurer le libre exercice de ce culte dans les lieux où il est pratiqué ; dans cette limite, et sous les réserves spécifiées dans la loi, dans l'intérêt de l'ordre public, ils exercent seuls les droits en question.

. « Mais ces droits ne sauraient être confondus avec un droit de police qu'aucun article des lois actuelles ne permet d'attribuer aux ministres du culte et, par suite, le juge ne peut pas faire dériver de ce prétendu droit de police la justification de l'acte qui a consisté de la part d'un ministre du culte à prendre par le bras une paroissienne pour la faire changer de place ». (2° arrêt).

Ainsi la Cour suprême ne reconnaît aux ministres du culte que le pouvoir d'exercer la police du culte proprement dit, c'est-à-dire d'organiser les cérémonies, de fixer les heures des offices, les exercices qu'ils comprendront, les conditions d'admission aux sacrements pour les fidèles et les sonneries pour les mariages, baptêmes et enterrements. Mais il appartiendrait au maire et non plus au prêtre, de prendre des mesures pour assurer le bon ordre, en général, dans l'intérieur de l'édifice. En conséquence, dit l'arrêtiste sous Cassation (1er décembre 1910, *lot. cit.*) « un ministre du culte ne « saurait refuser à un fidèle l'entrée de « l'église, ni lui assigner une place, ni « lui en interdire une autre, tout fidèle

« étant libre au même titre que le minis-
« tre du culte de pratiquer sa religion
« dans tous les édifices consacrés au culte
« à condition toutefois qu'il se tienne
« dans son rôle de fidèle et ne trouble
« ni ne gêne en quoi que ce soit les autres
« fidèles et les ministres du culte dans
« l'accomplissement de leurs devoirs re-
« ligieux respectifs ».

§ 5. — *Manifestations extérieures du culte*

—**29.** *Processions : définition et caractère.* — « Constitue une procession tom-
bant sous le coup d'un arrêté municipal
qui interdit les processions de toute nature et pour tous les cultes, un cortège
composé d'un suisse en habit de cérémonie, d'un chantre, d'enfants de Cœur,
placés sur deux rangs, précédant une
centaine d'enfants marchant dans le
même ordre, ledit cortège allant au-de-
vant d'un archevêque revêtu de ses habits
sacerdotaux, coiffé de sa mitre et la crosse
en main, accompagné de prêtres également revêtus de leurs habits sacerdotaux
et rentrant ensuite à l'église, suivis de
l'archevêque qui donnait sa bénédiction »
(Cass. 12 février 1914, Mon. jud. Lyon,
22 avril 1914).

« On entend par procession une mar-
che solennelle d'un caractère religieux et
accompagnée de chants et prières. L'intervention des ministres du culte pour
organiser, diriger et composer un cortège
est nécessaire pour lui donner un caractère de procession. Le fait par des ministres du culte d'avoir été escortés ou de
s'être laissé escorter par un groupe de
cavaliers et de cyclistes endimanchés et
en culottes blanches, tandis, qu'eux-mêmes se trouvaient en voiture, ne saurait
être considéré comme une procession,
alors surtout que ce cortège ne proférait
ni chants ni prières et qu'aucun emblème
de croyance religieuse n'y figurait. Ce
même cortège ne saurait non plus tomber
sous le coup d'un arrêté municipal interdisant les manifestations religieuses »
(Tr. s. pol. Clary, 12 juin 1913, *Loi* 27
septembre 1913).

30. *Pouvoir des maires.* — « L'article
1er de la loi du 9 décembre 1905 doit se
combiner avec l'article 27 de la même
loi qui dispose que « les cérémonies, processions et autres manifestations extérieures d'un culte continueront à être
réglées en conformité des articles 95 et 97
de la loi municipale du 5 avril 1884. Spécialement est légal l'arrêté municipal
qui interdit toutes manifestations religieuses sur la voie publique dans l'étendue de la commune » (Cass. 28 fév. 1908.
G. P., 1908. 1. 357).

«S'il appartient au maire, en vertu des
dispositions combinées de l'art. 97 de la
loi du 5 avril 1884 et 27 de la loi du 9
décembre 1905, de régler les cérémonies,
processions et manifestations extérieures
du culte, il doit, dans l'accomplissement
de sa mission, se conformer à l'article
1er de cette dernière loi qui garantit le
libre exercice des cultes sous les seules
restrictions édictées dans l'intérêt de l'ordre public, et ne porter atteinte aux traditions locales que dans la mesure nécessaire au maintien de l'ordre.

« Est entaché d'excès de pouvoir l'arrêté par lequel le maire a interdit toutes
les processions religieuses sur le territoire de la commune, alors que, si l'interdiction des processions proprement dites
pouvait se justifier par le souci d'éviter
toute cause de trouble sur la voie publique, aucun motif tiré de la nécessité de
maintenir l'ordre public ne pouvait être
invoqué pour légitimer la prohibition
frappant, à raison de la généralité des
termes dans lesquels est conçu l'arrêté,
les visites processionnelles au cimetière
qui, sous la conduite du prêtre, revêtu de
ses habits sacerdotaux, ont lieu dans la
commune les 1er et 2 novembre, et constituent dans cette commune une cérémonie traditionelle se rattachant au
culte des morts » C. d'Etat, 4 avril 1914,
S. 1917.3.25 et note Hauriou. — Cf.
dans le même sens, 22 novembre 1912,
et 8 avril 1911).

. « Est entaché d'excès de pouvoir l'arrêté du maire interdisant d'annoncer

les offices religieux dans les rues au moyen de clochettes, crécelles et autres instruments bruyants, cette interdiction ayant pour résultat de supprimer les moyens d'annoncer les offices religieux d'une partie de la semaine sainte, conformément aux usages locaux qui n'ont jamais provoqué de troubles » (C. d'Etat, 8 avril 1911. D. 1913. 3.45).

31. *Port du viatique, funérailles.* — « Doit être annulé l'arrêté d'un maire qui, sans qu'aucun motif, tiré de la nécessité de maintenir l'ordre public, puisse être invoqué, prohibe des cérémonies religieuses, telles que le port du viatique et les convois funèbres (C. d'Etat 19 juillet 1914, *Loi* 21 juillet 1914).

« Est entaché d'excès de pouvoir l'arrêté par lequel un maire interdit dans sa commune le port du viatique dans les conditions consacrées par les habitudes et les traditions locales, sans pouvoir invoquer aucun motif tiré de la nécessité de maintenir l'ordre sur la voie publique » (C. d'Etat, 9 février 1912, *Loi* 27 février 1912).

« Si le maire est chargé, aux termes de l'art. 97 de la loi du 5 avril 1884, de maintenir l'ordre dans la commune, il doit concilier l'accomplissement de sa mission avec le respect des libertés garanties par la loi, et il appartient au Conseil d'Etat, saisi d'un recours pour excès de pouvoir contre un arrêté rendu par l'application de l'art. 97 précité, non seulement de rechercher si cet arrêté porte sur un objet compris dans les attributions de l'autorité municipale, mais encore d'apprécier, suivant les circonstances de la cause, si le maire n'a pas dans l'espèce, fait de ses pouvoirs un usage non autorisé par la loi.

« L'article 1er de la loi du 9 décembre 1905 garantit la liberté de conscience et le libre exercice des cultes, sous les seules restrictions édictées dans l'intérêt de l'ordre public et l'article 2 de la loi du 15 novembre 1887 interdit aux maires d'établir des prescriptions particulières applicables aux funérailles en distinguant d'après leur caractère civil ou religieux ; d'autre part, il résulte des travaux préparatoires de la loi du 9 décembre 1905, et de ceux de la loi du 28 décembre 1904, sur les pompes funèbres que l'intention manifeste du législateur a été, spécialement en ce qui concerne les funérailles, de respecter autant que possible les habitudes et les traditions locales, et de n'y porter atteinte que dans la mesure strictement nécessaire au maintien de l'ordre.

« En conséquence, si aucun motif tiré de la nécessité de maintenir l'ordre sur la voie publique ne peut être invoqué par le maire pour lui permettre d'interdire aux membres du clergé, revêtus de leurs habits sacerdotaux, d'accompagner à pied ces cortèges conformément à la tradition locale, et si au contraire il résulte de la délibération du conseil municipal, visée par l'arrêté du maire contenant les dispositions dont s'agit, que ces dispositions ont été dictées par des considérations étrangères à l'objet en vue duquel l'autorité municipale a été chargée de régler le service des inhumations, lesdites dispositions doivent être annulées comme entachées d'excès de pouvoir » (C. d'Etat, 19 février 1909, S. 1909. — 3. 24 ; Cf. dans le même sens, 21 mai 1909 ; *Loi* 29 mai 1909 ; — 19 novembre 1909. *Loi* du 2 décembre 1909).

« Il rentre dans les pouvoirs du maire d'interdire les cérémonies extérieures du culte et d'établir à cet égard des prescriptions particulières applicables aux funérailles, pourvu que son arrêté n'ait pas pour objet d'établir une distinction entre les convois funèbres à raison de leur caractère civil ou religieux. Spécialement est légal l'arrêté portant : « Toute manifestation extérieure du culte demeurera supprimée à partir du 1er janvier 1907 pour les convois funèbres. La cérémonie religieuse de la levée du corps se fera à l'intérieur de la maison. » Il importe peu que ledit arrêté ne fasse pas connaître expressément qu'il a pour but le maintien de l'ordre public, cet objet résultant de la nature même de ses dispositions. La loi du 9 décembre 1905, en vertu de laquelle la République assure la liberté de conscience et garantit le libre exercice des cultes, n'a apporté aucune modification aux pouvoirs de police des maires en cette matière » (Cass. 29 février 1908 et 12 mars 1908, G. P. 1908.1.446, Cf. 28 février 1908. G. P. 1908.1.357).

32. *Port du costume.* — « Lorsqu'un arrêté municipal, après avoir interdit d'une façon générale et absolue, hors le cas d'enterrement, les processions et autres manifestations religieuses, dispose que, « sauf le cas ainsi prévu, la circulation est absolument interdite à toute personne revêtue, tout ou partie, d'un costume quelconque servant à l'exercice du culte », cette dernière disposition rapprochée de celle qui précède, vise nécessairement le port d'un costume en dehors de toute manifestation ; et, à ce point de vue, elle excède les pouvoirs de l'autorité municipale comme contraire à la liberté individuelle, et est illégale. Doit donc être cassé le jugement qui, par application de cette disposition, a condamné le suisse de l'église pour avoir porté son costume de suisse en se rendant à l'église et en revenant à son domicile » (Cass. 3 février 1910. G. P. 1910.1.302).

33. *Manifestation dans une propriété privée.* — « Lorsqu'aux termes d'un arrêté municipal, « les processions sur la voie publique sont interdites dans toute l'étendue de la commune », que sont interdites également en dehors des édifices consacrés au culte toutes cérémonies religieuses ou manifestations extérieures du culte, autres que les enterrements, il ne suffit pas, pour qu'une manifestation religieuse ait, au sens de cet article, le caractère d'une manifestation extérieure du culte, que le public y soit librement admis : il faut, en outre, que cette manifestation, lorsqu'elle se produit dans

un lieu privé, s'offre à la vue de ceux qui se trouveraient ou pourraient se trouver sur la voie publique ; en effet, le motif pour lequel l'autorité municipale peut interdire les manifestations extérieures du culte n'existe pas lorsque les cérémonies n'ayant eu lieu ni sur la voie publique ni dans un endroit d'où elles puissent être aperçues de la voie publique, ne peuvent avoir d'autres témoins que le personnes qui y assistent volontairement : réduite à cet élément, la publicité n'est pas juridiquement constatée » (Cass. 8 janv. 1910. G. P. 1910.1.155. Cf. 5 mars 1909, G. P. 1909.1.764).

34. *Emblèmes religieux.* — « L'interdiction prononcée par l'article 28 de la loi du 9 décembre 1905 ne s'applique pas à l'entretien des monuments religieux préexistants. Par suite, doit être annulé l'arrêté préfectoral annulant une délibération d'un conseil municipal qui avait voté une somme pour la réfection d'une croix placée à l'entrée du village » (C. d'Etat, 12 janv. 1912. *Loi*, 15 mars 1912).

« Aux termes de l'article 28 de la loi du 9 décembre 1905, il est désormois interdit d'élever, d'apposer aucun signe ou emblème religieux sur les monuments publics ou en quelque emplacement public que ce soit, à l'exception des édifices servant au culte, des terrains de sépulture dans les cimetières, des monuments funéraires, ainsi que des musées ou expositions. C'est donc à bon droit qu'un instituteur s'oppose à l'apposition et supprime sur l'école publique des tresses destinées à apposer, en vue du passage d'une procession, des draps le long de la dite école » (Tr. civ. Lorient, 18 mai 1909, G. P. 1909.2.352).

« La prévention basée sur une infraction à l'article 28 de la loi du 9 décembre 1905 et résultant du fait d'avoir élevé une croix avec emblème religieux sur un emplacement public, implique nécessairement que l'érection de la croix a eu lieu sur un emplacement public et non sur un propriétée privée. Il est de règle et de jurisprucence constante que tous les terrains vacants, laissés par les riverains en dehors de leur mur de clôture le long d'une rue ou d'une place publique sont présumés légalement faire partie intégrante de la voie publique et appartenir au domaine public communal. Par suite, la commune propriétaire d'une place est réputée propriétaire du sol jusqu'à la façade de la maison sur laquelle la croix a été posée et appliquée ; et, comme il est établi que cette croix fait saillie de 20 centimètres sur la voie publique, peu importe qu'elle n'ait pas son point d'appui dans le sol au moyen d'un piédestal, il suffit qu'elle constitue un ouvrage en saillie sur la voie publique pour que la contravention soit constituée » (Tr. s. p. Vienne 3 mars 1908. Mon. Jud. Lyon, 14 décembre 1908).

35. *Sonneries des cloches : pouvoir du maire.* — « Le maire qui, en conformité de l'arrêté municipal, prévu à l'article 27 § 2 de la loi du 9 décembre 1905, ordonne des sonneries des cloches à l'occasion de l'agonie, du décès et des obsèques civiles d'un habitant de la commune ne peut, pour justifier les sonneries dont s'agit, s'appuyer sur les dispositions de l'article 51 du décret du 16 mars 1906, d'après lequel les cloches des églises servant à l'exercice public du culte ne peuvent être employées aux sonneries civiles que dans le cas de péril commun ou lorsque cet emploi est prescrit par les dispositions des lois ou règlements ou autorisé par les usages locaux. Et l'atteinte ainsi portée aux conditions légales suivant lesquelles les édifices affectés au culte, ainsi que les meubles les garnissant, sont mis à la disposition des ministres et des fidèles pour la pratique de leur religion, cause au curé un préjudice dont la commune est responsable » (C. d'Etat, 21 mars 1919, G. P. 1920.1.50. — Cf. 5 juillet 1912, G. P. 1912.2.308).

« Est entaché d'excès de pouvoir l'arrêté du maire réservant au maire, en l'absence de tout usage local, le droit de faire sonner les cloches pour annoncer les heures des repas et de la reprise des travaux des champs, la réunion du conseil municipal, l'ouverture et la clôture des scrutins, l'entrée des enfants à l'école, pour annoncer par un glas le décès des habitants » (C. d'Etat, 26 mai 1911. D. 1913.3.45).

« Doit être annulé, comme prise en violation de l'article 5 de la loi du 2 janvier 1907, la délibération d'un conseil municipal décidant qu'une cloche, placée dans un clocher d'une église depuis 1863, et n'ayant pas cessé d'être affectée au service du culte, serait dorénavant exclusivement affectée au fonctionnement de l'horloge » (C. d'Etat, 29 juillet 1925, D. H. 1925.614).

« Méconnaît les dispositions légales l'arrêté qui, sans pouvoir invoquer aucun motif tiré de la nécessité de maintenir l'ordre et la tranquillité publique, règle la nature, le nombre et l'heure des sonneries de manière à entraîner la suppression des sonneries de nombreux offices ou exercices religieux.

« Mais ne porte pas atteinte au libre exercice du culte l'arrêté qui fixe la durée de chacune des sonneries à dix minutes pour les cérémonies ordinaires et à trente pour les sonneries solennelles » (C. d'Etat 20 juin 1913 et 10 mars 1914, D.1914.3. 65).

N'est pas entaché d'excès de pouvoir l'arrêté du maire qui dispose, d'une manière générale, que les sonneries ne pourraient dépasser dix minutes (C. d'Etat 26 mai 1911, D. 1913.3.45) — l'arrêté par lequel le maire fixe à 4 heures 45 du matin, du 1er mars au 31 octobre, et à 5 heures 45 du 1er novembre au 1er mars, l'heure avant laquelle ne peuvent avoir lieu les sonneries religieuses (C. d'Etat, 8 avril 1911. *ibid.*) — ou disposant qu'il ne pourra y avoir qu'une seule sonnerie de cinq à dix minutes et interdisant l'usage des cloches avant 6 ou 7 heures du matin suivant la saison (C. d'Etat, 10 mars 1911. *Loi* 11 juillet 1911).

Mais est entaché d'excès de pouvoir l'arrêté interdisant d'une manière générale toute sonnerie à partir de 7 heures du soir ou toute sonnerie nocturne (C. d'Etat, 8 avril et 26 mai 1911, précités).

Il appartient au maire de désigner un sonneur de son choix pour l'exécution des sonneries civiles (C. d'Etat, 4 juillet 1913. D.1919.3.24).

36. *Action des ministres du culte : compétence.* — Le Conseil d'Etat pose en principe que l'atteinte portée aux conditions légales suivant lesquelles les édifices affectés à l'exercice du culte ainsi que les meubles les garnissant sont mis, par application de l'article 5 de la loi du 2 janvier 1907, à la disposition des fidèles et des ministres du culte pour la pratique de leur religion, cause au desservant de la commune un préjudice dont celle-ci est responsable et qu'elle est tenue de réparer (C. d'Etat, 12 juillet 1912, G. P. 1912.2.308, cf 3 juillet 1912, *Loi* 21 août 1912). Quelle sera la juridiction compétente pour connaître de l'action intentée par le ministre du culte par application de ce principe ? Sur ce point, la jurisprudence est divisée : « Il appartient aux tribunaux civils, dit la Cour de Poitiers (5 février, 1921. *Loi* 22 avril 1922) de statuer sur une demande en dommages-intérêts, formée par le desservant d'une église contre un maire à raison de ce que ce dernier avait fait sonner les cloches à l'occasion d'enterrements civils et pour convoquer le conseil municipal. L'acte ainsi accompli par le maire constitue un fait personnel en dehors de sa fonction, alors qu'il n'existe pas d'arrêté municipal prescrivant la sonnerie des cloches dans ces deux cas » (Cf. en ce sens, Trib. civ. de St-Jean-de-Maurienne, 12 janvier 1912, D.1913.2.252).

Par contre, la Cour de Paris (29 octobre 1912, Gaz. Trib. 24 novembre 1912) décide que « l'ordre donné par un maire de sonner les cloches de l'église communale à l'occasion d'obsèques civiles est un acte administratif dont les effets ne peuvent être appréciés que par les tribunaux administratifs (art. 27 n° 2, loi du 9 déc. 1905). Peu importe que cet ordre ait été la conséquence d'un arrêté municipal visé ou non visé par l'autorité préfectorale, publié ou non, qu'il n'y ait pas eu d'arrêté le précédant ou que l'ordre n'ait été donné qu'en conformité d'usages locaux contredits ; cet ordre n'en constitue pas moins, de la part du maire, un acte rentrant dans ses attributions, d'essence administrative et dont, seule, la juridiction administrative doit connaître. » La juridiction civile est donc incompétente *ratione materiæ* pour connaître de l'action du desservant contre le maire.

La Cour de cassation, dans un arrêt du 25 juin 1914 (G. P. 1914.2 et 1915, 175) paraît consacrer la thèse de l'incompétence des tribunaux civils : « Les art. 27 de la loi du 9 décembre 1905 et 50 du décret du 16 mars 1906 ont attribué aux maires le droit de régler, dans chaque commune, l'usage des cloches tant pour les sonneries civiles que pour les sonneries religieuses, et les arrêtés municipaux édictés à cette fin sont des actes administratifs. Et lorsqu'un arrêté municipal, pris en conformité de ces dispositions légales, réserve expressément au maire la faculté d'autoriser spécialement la sonnerie des cloches pour des causes autres que celles prévues audit arrêté, à condition qu'il y ait été référé au sous-préfet et au préfet, l'autorisation donnée à l'occasion d'un enterrement protestant, bien qu'elle ait été donnée sans l'accomplissement de cette dernière formalité, à la supposer entachée d'excès de pouvoir, n'en conserve pas moins son caractère d'acte administratif, en telle sorte que l'autorité judiciaire est incompétente pour statuer sur la demande en dommages-intérêts formée par le curé contre le maire à raison de cette autorisation. » C'est à cette thèse que l'on doit, selon nous, se rallier.

§ 6. *Infraction à l'article 34 de la loi du 9 décembre 1905.*

37. *Outrages et diffamation à l'égard de conseillers municipaux.* — « L'article 34 de la loi du 9 décembre 1905 ne réprime, dans les circonstances spéciales qu'il prévoit, l'outrage ou la diffamation que lorsqu'ils ont été commis envers des citoyens chargés d'un service public. Et les conseillers municipaux, qui ne disposent d'aucune portion de l'autorité publique, ne sauraient être compris sous cette dénomination. D'autre part, si le mandat public dont ils sont investis les place au nombre des personnes énumérées par l'article 31 de la loi du 29 juillet 1881, les poursuites motivées par la diffamation et les injures dont ils peuvent être l'objet à raison de leurs fonctions ou de leurs qualités, sont, aux termes de l'article 45 de la loi précitée, de la compétence des cours d'assises » (Cass. 3 fév. 1912, G. P. 1912.1.389).

CHAPITRE IV

ACTIONS EN REPRISES ET EN REVENDICATION.

§ 1. — *Nature et caractère de l'action en reprise.*

38. *Caractère spécial de l'action en reprise.* — L'action en reprise a été créée par les lois des 9 décembre 1905 et 13 avril 1908 par dérogation au principe de droit public que, à la dissolution des établissements publics, leurs biens reviennent à l'Etat. Elle constitue, quelle que soit sa dénomination, une action d'une nature spéciale, strictement limitée quant aux personnes qui peuvent l'exercer et quant à son objet. A moins d'impossibilité d'une restitution en nature, elle ne peut avoir pour objet que la reprise de la chose donnée ou léguée. Par conséquent, si un terrain a été donné pour la construction d'une église avec indication que la partie de ce terrain demeurée libre sera affectée à un presbytère, l'action en reprise ne peut atteindre ce presbytère » (Cass. 8 nov. 1922 D. 1924.1.141 G. P. 1922.2.740).

39. *Objet de l'action en reprise.* — « L'action en reprise ne peut être intentée qu'à propos de donations, de legs ou de fondations pieuses et par conséquent n'est pas recevable à propos d'un acte qui a été avantageux pour les deux parties et a pour objet uniquement de prévenir désormais entre elles toutes contestations judiciaires ». (Cass. 3 juillet 1922, D. 1924.1.141).

« L'action en reprise est limitée au cas où les établissements publics du culte sont les bénéficiaires directs de la libéralité et ne saurait être étendue à celui où ils sont seulement appelés à profiter d'une charge stipulée en leur faveur dans une donation faite à une autre personne. Spécialement, lorsqu'un particulier ayant fait donation à une commune de ses droits sur une maison et ses dépendances à condition d'y loger le desservant, une transaction est, dans la suite, intervenue entre la fabrique et la commune donataire en vertu de laquelle celle-ci a versé à la fabrique une somme qui a été employée en un titre de rente immatriculé au nom des desservants successifs, les héritiers en ligne directe du donateur ne sont pas fondés à exercer contre le domaine, séquestre des biens de la fabrique supprimée, l'action en reprise de ce titre de rente ». (Cass. 25 juillet 1921, *G. P.*, 1921.2.435, cf. Cass. 8 nov. 1922, cité plus haut n° 37).

« Lorsqu'une fabrique s'était chargée de construire un presbytère pour le remettre à la commune aussitôt après son achèvement, la souscription remise au curé par un particulier qui connaissait la convention passée entre la fabrique et la commune ne constituait pas une pure et simple libéralité, mais une offre de concours faite à la commune. L'action en remboursement de l'offre de concours, fondée sur l'expulsion du desservant à la suite de la séparation des

Eglises et de l'Etat, n'est pas de la nature de celles dont la loi du 13 avril 1908, a réservé la connaissance à l'autorité judiciaire et le conseil de préfecture est compétent pour en connaître en premier ressort par application de l'article 4 de la loi du 28 pluviôse, an VIII. Le logement gratuit du desservant ayant été la cause impulsive et déterminante de l'offre de concours, et cette condition ne pouvant plus être remplie, la commune doit être condamnée à rembourser le montant de l'offre de concours ». (Cons. d'Etat, 24 av. 1918, S. 1924.3. 32).

« Le prêtre qui a versé une somme d'argent à une fabrique pour la construction d'une église, est fondé, en vertu de l'art. 9, §5 de la loi du 13 avril 1908 à réclamer à l'administration des domaines, séquestre des biens de cette fabrique après sa suppression, la restitution de cette somme, dont le versement peut avoir le caractère d'une libéralité, même si on le considère comme une souscription à des travaux publics. La condition d'un emploi déterminé de la chose donnée ne change pas la nature du contrat, n'empêche pas qu'il y ait donation, si l'emploi n'est pas prescrit en vue d'un avantage équivalent. Il en est ainsi particulièrement lorsque l'emploi est conforme au but pour lequel l'établissement public du culte a été institué, ce qui est le cas lorsqu'une fabrique, sous le régime concordataire, avait été chargée de la construction d'une église. Et si le curé est l'auteur apparent du versement, l'administration n'est point fondée à lui contester la qualité de donateur, résultant de son titre, alors même que pour partie ces fonds proviendraient de souscriptions ». (Cass. 19 juillet 1921, *G. P.*, 1921.2.391).

40. *L'action en reprise ne peut porter que sur un bien entré dans le patrimoine de l'établissement public du culte.* — « Lorsqu'un bien légué est entré dans le patrimoine d'un établissement public du culte, il n'en peut sortir que par l'effet d'une action en reprise ; à défaut, délivrance doit en être faite à l'administration des domaines en qualité de séquestre. — La clause d'un testament ainsi conçue : « Je lègue à la fabrique la nue propriété d'un terrain ; je lègue l'usufruit de ce terrain à ma femme durant toute sa vie, à sa mort, la fabrique prendra possession de ce terrain et devra l'employer à y construire une chapelle » est rédigée, en termes clairs et précis : elle constitue un legs qui a conféré à la fabrique un droit de propriété, non un simple mandat d'affecter le terrain litigieux à la construction d'une chapelle ». (Cass. 15 janvier 1923. D. 1924.5.141).

Quand le bien légué est-il entré dans ce patrimoine ? « Lorsque l'acceptation du legs fait à charge de services religieux au profit d'une fabrique a été dûment autorisée avant la suppression de ladite fabrique en vertu de la loi de séparation du 9 décembre 1905, l'Administration des Domaines, constituée séquestre des biens de la fabrique, est fondée à demander la délivrance dudit legs entré dans son patrimoine rétroactivement au jour du décès du testateur par l'effet de l'autorisation gouvernementale. Et il importe peu, en pareille hypothèse, que la fabrique ait ou non, antérieurement à sa disparition, accepté ledit legs ; il suffit qu'elle ne l'ait pas répudié ». (Cass., 11 avril 1922. G. P. 1922.2.318, — Cf. 22 juillet 1913, *G. P.* 1913.2.459, — 23 déc. 1913, *G. P.* 1914.1.151. — 24 juillet 1918, *G. P.* 1918 et 1919.1.476).

Mais, par contre, il a été décidé que « le legs fait à une fabrique, à charge de services religieux est caduc lorsque l'autorisation gouvernementale n'a été accordée aux établissements attributaires des biens de la fabrique qu'après que celle-ci a cessé d'exister, car alors les biens légués ne sont jamais entrés dans son patrimoine ». (Cass. 3 août 1920, *G. P.* 1920.2.539).

Enfin, il a été jugé que, « pour que l'action soit l'action en reprise et, par conséquent, n'appartienne pas aux héritiers collatéraux, il n'est pas nécessaire que l'établissement public du culte, ait été autorisé à accepter le legs; il suffit qu'il ait pris possession des biens légués et que ceux-ci aient été placés sous le séquestre de l'administration des domaines ». (Cass. 5 février 1923. D. 1924. 1.141).

41. *Effets de l'action en reprise*. — « L'action en reprise a pour effet de faire rentrer dans le patrimoine du donateur ou de ses héritiers les biens et valeurs qui en étaient sortis par l'effet de la donation consentie à l'établissement public du culte supprimé postérieurement. En conséquence, celui qui a versé, une somme d'argent, pour la construction d'une église, est fondé à réclamer à l'Administration des Domaines, séquestre de la fabrique supprimée, la restitution de cette somme par lui donnée à la fabrique en vue de cette construction.

« Vainement il serait soutenu que, la chose donnée ayant été transformée par le donataire, une subrogation s'est accomplie et que l'action en reprise porte, non plus sur la somme d'argent qui a été donnée, mais sur l'édifice construit ; en effet, l'affectation par donation d'une somme d'argent à un objet déterminé ne rentre dans aucun des cas de subrogation réelle établis par la loi et, dès lors, ne peut entraîner par elle-même substitution de l'objet à la somme d'argent, alors d'ailleurs qu'il n'est pas allégué que les parties aient eu l'intention de lui attribuer cet effet.

« Il ne saurait être soutenu davantage que l'église continuant à être laissée à la disposition des fidèles, il serait contraire à l'équité que le demandeur pût retirer de l'édifice les utilités qu'il a entendu s'assurer et obtenir en même temps le remboursement des dépenses qu'il a faite dans cette intention : il appartient aux juges du fond d'apprécier si les conditions qui ont déterminé le con-

sentement du donateur ont été modifiées de telle sorte que l'exécution de sa volonté serait devenue impossible, et s'il résulte de leurs constatations que, par suite de l'application des lois de séparation qui ont entraîné la suppression de l'établissement public donataire, la volonté du donateur n'a pu être exécutée, ils ordonnent à bon droit le remboursement demandé par celui-ci ». (Cass., 10 mars 1920, *G. P.*, 1920.1.440).

« L'administration des domaines, séquestre des biens d'une mense curiale, actionnée en restitution d'un terrain donné à la mense par le donateur ou ses héritiers en ligne directe, ne saurait prétendre subordonner la restitution de ce terrain au paiement d'une indemnité représentant le coût de constructions édifiées par la mense sur ce terrain, alors que celle-ci n'a rien déboursé, le prix de ces constructions ayant été payé par un tiers. Le principe que nul ne peut s'enrichir aux dépens d'autrui est, en pareille hypothèse, hors de cause puisque le patrimoine de la mense n'a été appauvri par aucune dépense faite par elle sur l'immeuble revendiqué » (Cass. 9 nov. 1921. G. P. 1922.1.46).

§ 2. — *Conditions de recevabilité de l'action en reprise.*

42. *La charge cultuelle ne doit plus pouvoir être exécutée par l'établissement attributaire.* — « Lorsqu'un particulier a, sous le régime concordataire, réédifié à ses frais une église communale, ses héritiers sont, à bon droit, déboutés de l'action en reprise du bâtiment ou d'une somme correspondant au coût des travaux, exercée contre la commune en vertu de la loi du 13 avril 1908, art. 3, fondée sur ce que, sous le régime nouveau, l'exécution de la volonté serait devenue impossible alors qu'il est constaté par les juges du fond que la seule obligation incombant à la commune étant d'affecter au libre exercice du culte catholique la nouvelle église et cette affectation ayant été formellement maintenue par les lois de séparation, la commune donataire a satisfait et satisfait encore à toutes les charges qui lui ont été imposées » (Cass. 28 déc. 1921. G. P. 1922.1.233).

43. *L'action en reprise sera-t-elle recevable si la condition résolutoire s'est réalisée avant la promulgation des lois de séparation ?* — Il faut distinguer deux cas : 1° le legs a été fait sous une condition résolutoire expresse : « lorsqu'un immeuble a été légué à un établissement public du culte sous la condition expresse et résolutoire, que dans le cas où son affectation viendrait à cesser, il ferait retour à la famille du testateur et que l'affectation a pris fin avant la promulgation de la loi du 9 décembre 1905, il n'y a pas lieu à l'action en reprise spéciale créée par cette loi. En effet, par l'accomplissement de la condition résolutoire, l'immeuble est réputé n'avoir jamais été légué à l'établissement public du culte. L'action à exercer est dès lors celle du droit commun et, par suite, appartient aux héritiers collatéraux » (Cass. 2 mai 1924. D. 1924.1.141).

2° Il n'existe pas de clause résolutoire expresse : dans cette hypothèse, l'action exercée postérieurement à la promulgation de la loi du 5 décembre 1905 ne peut être que l'action en reprise, réservée au donateur et à ses héritiers en ligne directe « même si l'établissement public donataire ou légataire avait cessé avant la promulgation de la loi de remplir la charge pieuse qui lui était imposée, puisque, pour apprécier si une action est recevable ou fondée, il faut considérer la législation en vigueur à la date à laquelle l'instance a été introduite » (Cass. 26 mai 1924. D. 1924.1. 141).

44. — *Donations, legs ou fondations antérieures à la loi du 8 germinal an X.* — « Aucune action en reprise ou en revendication ne peut être exercée à raison de donations, legs ou fondations pieuses antérieures à la loi du 8 germinal an X. Il en est ainsi de l'action en reprise à raison d'une fondation pieuse faite au profit d'église en vertu d'un acte passé le 10 avril 1825 lorsque, par cet acte les prétendus donateurs ne faisaient en réalité que se rédimer d'obligations que leur imposait un testament de leur auteur, en date du 30 mars 1733 » (Douai 10 janvier 1921, Rec. Douai 1921.138. V. Cass. D. 1924.1.141).

45. — *L'immeuble légué à une fabrique pour servir de presbytère est-il grevé d'une charge cultuelle ?* — « Le legs d'un immeuble, fait à la fabrique d'une église sous la condition de son affectation au logement du curé ou du desservant, doit être considéré comme grevé d'une charge cultuelle dont l'exécution est devenue tout à la fois, impossible et illicite : — impossible en tant qu'elle comportait nécessairement l'intervention de deux établissements publics du culte, aujourd'hui supprimés, à savoir : la fabrique, légataire de l'immeuble, et la mense, par l'entremise de laquelle s'exerçait le droit d'habitation des titulaires successifs de la succursale : illicite en vertu de la disposition de l'article 3 § 14 de la loi du 13 avril 1908 qui interdit aux établissements publics communaux d'assistance ou de prévoyance, attributaires des biens, de continuer l'exécution des charges de cette nature. Dès lors, s'il appartient aux héritiers en ligne directe du testateur d'exercer une action en reprise à raison de l'inexécution de la condition mise au legs, le titulaire actuel de la cure ou de la succursale n'est plus en droit d'en réclamer les avantages » (Cass. 3 juin 1913). Le tribunal de Béziers et la Cour de Montpellier dont les décisions faisaient l'objet du pourvoi, avaient estimé que cette charge du legs était une de ces charges que les établissements publics, attributaires des biens des établissements cultuels supprimés, peuvent continuer à remplir malgré l'intervention d'ecclésiastiques conformément aux dispositions de l'art. 3 § 14 de la loi précitée ; « que la faculté d'habiter un local déterminé affecté à cet usage est manifestement un de ces droits, étranger par lui-même, à l'exercice du ministère du culte. » Mais, au contraire, la Cour suprême, d'accord en cela avec les travaux parlementaires préparatoires, déclare qu'un tel legs doit être considéré comme grevé d'une charge cultuelle ; « en effet, le testateur, en assurant par ce moyen la présence perpétuelle d'un prêtre dans la paroisse, a eu essentiellement en vue d'y assurer, par là même, la continuité de l'exercice du culte ».

46. *Charge à la fois cultuelle et non-cultuelle.* — En cas de legs à une commune d'une rente perpétuelle comprenant deux parts, l'une affectée d'une charge cultuelle, l'autre affectée à des secours à donner aux indigents, les juges du fond, après avoir déclaré que le legs, à raison de la charge cultuelle, était devenu caduc dans sa 1re partie, par application de la loi du 9 décembre 1905, peuvent décider, au contraire, que les héritiers du testateur restent tenus d'acquitter, comme dans le passé, la partie de la rente affectée à des secours à donner aux indigents en se fondant sur ce que l'intention du testateur a été de n'attacher la peine de la révocation, si elle venait à être encourue à raison de l'inobservation, soit totale, soit partielle de l'emploi par lui prévu, qu'à celle des deux rentes dont le produit serait détourné de son but, alors que cette intention résulte des termes mêmes du testament, de la division des legs, des affectations qui étaient faites distinctement et du mode d'exécution partielle que le testateur avait lui-même établi » (Cass. 3 juillet 1913, G. P. 1913.2.305).

46 *bis. Exécution indirecte d'une charge cultuelle.* — « La disposition légale qui interdit aux établissements publics de remplir les charges pieuses ou cultuelles grevant les libéralités dont ils sont gratifiés, s'expliquant à la fois par le principe de la spécialité qui leur défend de se mouvoir en dehors des limites tracées par l'objet de leur institution, et par le principe de la neutralité de la puissance publique en matière religieuse, rien, lorsque ces principes d'ordre public sont sauvegardés, ne peut empêcher ces établissements de faire assurer, en dehors d'eux et par un tiers, l'exécution de charges qu'il leur est simplement interdit par la loi de remplir eux-mêmes ; en conséquence la charge de faire dire à perpétuité un certain nombre de messes ayant été la cause impulsive et déterminante du legs fait à un hospice, celui-ci a rempli la charge qui lui était imposée en traitant avec l'office central des œuvres de bienfaisance, ce dernier s'étant obligé vis-à-vis de l'hospice, et moyennant une somme déterminée, à faire dire les messes imposées par le testateur. » (Paris, 13 déc. 1925, D. H. 1926,42.)

47. *L'action en reprise est irrecevable quand la libéralité a le caractère d'un contrat commutatif.* — « Un évêque n'est pas recevable à revendiquer vis-à-vis de la liquidation de l'ancienne mense épiscopale de son diocèse le remboursement d'impenses qu'il aurait faites dans l'intérêt d'un collège qui en dépendait. Et il ne peut davantage être admis à invoquer l'action en revendication prévue par les lois du 9 décembre 1905 et 13 avril 1908, qui ne peut être exercée qu'en raison de donations, de legs ou de fondations pieuses, alors que l'évêque n'a fait ces impenses que pour augmenter la prospérité du collège et, par suite, les ressources de la mense elle-même et qu'en outre, il n'apparaît pas que l'évêque ait payé les constructions de ses deniers personnels » (Cass., 6 juin 1912, G. P. 1912.2.267).

« L'action accordée par les lois du 9 décembre 1905 et 13 avril 1908 aux auteurs de libéralités faites aux établissements du culte ou à leurs héritiers en ligne directe, ne peut être exercée qu'à raison de donations, de legs ou de fondations pieuses impliquant de la part du donateur un *animus donandi* exclusif de toute préoccupation d'obtenir une contre-prestation compensatoire d'ordre matériel ou même moral. — Ne remplit pas ces conditions et ne peut, en conséquence, donner lieu à reprise de la part d'un desservant le paiement par lui fait, en l'acquit d'une fabrique, de travaux de construction d'une chapelle, édifiée pour le service du culte catholique, alors qu'il a stipulé agir non seulement en son nom personnel, mais aussi au nom de ses successeurs, et que la pensée qui a présidé à l'engagement était d'assurer le paiement de la dette, par des débiteurs successifs et au moyen de ressources d'origine indéterminée, étrangères au patrimoine personnel du souscripteur, lequel ne peut tout au plus être considéré que comme un gérant d'affaires. — Un tel acte ne constitue qu'un abandon ou une offrande intéressée prenant les apparences d'une souscription pour un service public que le bailleur de fonds voulait soutenir ou développer, en prenant plus ou moins en considération son profit personnel, moral ou matériel, comme celui de ses coreligionnaires, envisagé au même point de vue. » (Tr. civ. Seine, *Gaz. Trib.*, 31 mai 1912.)

« La donation d'un terrain faite à une fabrique d'église sous la condition que ce terrain servirait exclusivement à des constructions ayant une affectation cultuelle, telles que chapelle de catéchisme et autres n'est pas un contrat à titre gratuit. Par suite, si la fabrique a exécuté la charge qu'elle avait assumée et fait construire des édifices ayant une affectation cultuelle, le donateur est mal fondé à invoquer l'article 9, § 3, de la loi du 13 avril 1908 et à agir en reprise du terrain qu'il a donné, l'article 9, § 3, de ladite loi n'étant applicable qu'aux donations, legs ou fondations pieuses. »

(Tr. civ. Seine, 9 juillet 1912, *Gaz. Trib.*, 20 septembre 1912.)

48. *Action en révocation des héritiers collatéraux.* — La Cour de cassation a décidé que l'action en révocation pour inexécution des charges pieuses ou cultuelles des libéralités faites à des établissements publics, était recevable de la part des héritiers collatéraux quand elle avait été introduite avant la mise en vigueur de la loi du 13 avril 1908. (Cass., 3 juillet 1911, *G. P.* 1911.2.124.)

Il en est de même quand il s'agit d'un legs fait à un établissement public du culte supprimé sous une condition inexécutée dès avant les lois de 1905 et 1908, bien que l'action soit postérieure à ces lois. (Voir *supra* n° 42, Cass., 2 mai 1924, *G. P.* 1924.2.100.)

CONCLUSION.

49. *Vue d'ensemble sur la jurisprudence.* — Cette rapide revue de jurisprudence, à laquelle nous venons de procéder nous montre que les tribunaux ont poursuivi et atteint le but que le législateur avait devant les yeux : assurer la liberté de conscience et la libre pratique des religions. Les adversaires des lois de séparation sont eux-mêmes obligés de reconnaître que sous l'empire de ces lois les intérêts spirituels de l'église catholique se trouvent sauvegardés. Elles ont conféré au clergé et aux fidèles un titre légal à la jouissance des églises et du mobilier cultuel et non seulement toléré mais encore protégé l'organisation des cérémonies, l'enseignement de la doctrine et l'administration des sacrements. Le croyant peut se livrer à l'exercice du culte sans sortir de la légalité. On a reconnu et proclamé qu' « une jurisprudence très ferme s'est établie, consolidant chaque jour cette situation dans le respect et la reconnaissance de la hiérarchie » ecclésiastique. (Hébrard, Associations diocésaines et syndicats ecclésiastiques, dans Recueil général des lois, 1925, p. 35, 1re partie.)

50. *Application intégrale des lois de séparation : les « diocésaines ».* — Mais ce n'est pas tout. L'église catholique, à l'image de la divine Incarnation, est à la fois corps et âme : si elle s'élève au-dessus des siècles par l'immutabilité de ses doctrines, elle n'en doit pas moins vivre et se développer dans le temps : institution divine, elle est en même temps un organisme terrestre, une société humaine, douée de besoins matériels et, comme telle, elle ne peut pas plus ignorer César que César ne la peut ignorer. Aussi, après l'apaisement de la Grande Guerre, lorsque fut rétablie l'ambassade française auprès du Vatican, un certain nombre de catholiques à tendances libérales crurent opportun de tenter le rétablissement de relations régulières et légales entre l'Eglise et l'Etat. Mgr Chapon, évêque de Nice, prit l'initiative de rédiger un projet de statut type d'associations, dites diocésaines, répondant à la fois aux exigences de la loi organique de 1905 et aux règles intangibles du droit canonique. Ce projet fut soumis en même temps au gouvernement français et au Saint-Siège. A la demande du gouvernement, il fut examiné par un comité, composé de MM. Hébrard de Villeneuve, Barthélemy et Beudaut, qui, dans deux consultations des 7 avril et 8 décembre 1923, confirmées par un avis du Conseil d'Etat, donné toutes chambres réunies le 19 décembre 1923, affirmèrent la légalité des associations constituées conformément à ce statut. De son côté, le Saint-Siège, après avoir recueilli l'avis de l'épiscopat français, reconnut leur canonicité par l'encyclique *Maximam gravissimamque* du 18 janvier 1924 et le texte des statuts approuvés par S. S. Pie XI parut en latin et en français dans les *Acta Apostolicae Sedis* du même jour. Il n'entre pas dans le cadre de notre étude d'exposer en détail la constitution des « diocésaines ». Nous en tracerons seulement l'ébauche à grands traits.

Le but, unique et limité à dessein, des associations diocésaines est de subvenir aux frais et à l'entretien du culte catholique : elles ne doivent intervenir en aucun cas dans l'exercice même du culte. Elles ont pour circonscription le diocèse et non la paroisse : d'où leur appellation. Elles se composent : 1º d'un membre de droit, l'évêque qui joue le rôle prépondérant comme président de l'association en même temps que du conseil d'administration et de l'assemblée générale : c'est lui qui constitue l'association et procède au recrutement des membres en usant du droit de présentation ; 2º de membres titulaires au nombre de 30 au minimum qui constituent l'assemblée générale ; 3º de membres honoraires en nombre illimité. En outre, à la tête de l'association fonctionne un conseil d'administration composé de 5 membres y compris l'évêque : à ses côtés figurent un vicaire général, un chanoine et deux membres titulaires; ces quatre membres sont élus par l'assemblée générale sur la présentation de l'évêque d'accord avec le conseil lui-même. La capacité des associations diocésaines est celle des associations déclarées, soumises aux dispositions de la loi du 1er juillet 1901, sauf certaines modifications imposées par les règles spéciales édictées par la loi de 1905 en ce qui concerne l'emploi des disponibilités et le contrôle financier.

Jusqu'à présent la constitution des associations diocésaines est demeurée dans le domaine de la pure théorie. Le parti de l'intransigeance, dans l'espoir toujours caressé de parvenir à l'abolition des lois abhorrées, a mis obstacle à leur réalisation. Verra-t-on un jour leur avènement et en même temps l'application intégrale de la loi sur la séparation des Eglises et de l'Etat! C'est le secret de la Providence : il serait bien téméraire de prophétiser l'avenir. Puissent les catholiques ne pas perdre de vue cette parole de Le Play (Réforme sociale, ch. Ier : la Religion, § 5) : « La restauration des croyances, commencée par la réforme morale du clergé, sera complétée par l'abstention de l'Etat et par la pratique de la tolérance. »

Registre du Commerce Seine N° 189.714   Chèque Postal Paris C C. BELZACQ Maurice N° 372.86

Pour connaître le dernier état du droit sur toutes questions,
il est indispensable de consulter le

BULLETIN COMMENTAIRE DES LOIS ET DÉCRETS

Recueil mensuel fondé en 1894 par M. Paul ROY, tenant au courant tous les ouvrages de droit

Dirigé de 1894 à 1924 par MM^{os} G. FORTIER, J. VAVASSEUR et L. BELZACQ, avocats
à la Cour d'appel de Paris.

Rédacteur en chef : M. Albert RENS, Avocat à la Cour d'Appel de Paris

Secrétaire de la rédaction : M. Maurice BELZACQ

Administration et Rédaction : 147, boulevard Saint-Michel, Paris (V^e).

Jamais l'activité législative n'a été aussi grande qu'à notre époque. Au fur et à mesure des rapides modifications de l'état social des besoins nouveaux se font sentir. Le législateur espère leur donner satisfaction par des lois nouvelles, que nous avons le plus grand intérêt à bien connaître aussitôt promulgation.

Mais comment se documenter sur l'économie des textes nouveaux si complexes et si nombreux ?

Le **Bulletin-Commentaire des Lois et Décrets** répond à ce besoin en publiant chaque mois de savantes analyses, des commentaires pratiques et complets de tous les textes nouveaux d'un intérêt général, avec de nombreuses références à la jurisprudence et aux textes antérieurs encore en vigueur.

Le **Bulletin-Commentaire des Lois et Décrets** paraît depuis 1894, en fascicules d'autant plus gros que la matière à commenter est plus importante.

Chaque numéro contient des monographies complètes, avec les textes législatifs s'y référant, et un *index alphabétique permettant de trouver de suite la solution cherchée.*

Tous les commentaires, — souvent accompagnés de formules pour en faciliter l'application, — sont l'œuvre des spécialistes les plus distingués qui traitent les questions au point de vue essentiellement pratique et juridique. La Direction fournit en outre à ses abonnés tous renseignements complémentaires en cas de besoin.

www.ingramcontent.com/pod-product-compliance
Ingram Content Group UK Ltd.
Pitfield, Milton Keynes, MK11 3LW, UK
UKHW022317170726
13837UKWH00005BA/2038